Strade blu

A.K. Benjamin

FA' CHE NON SIA MATTO

Tra terapeuta e pazienti:
storie di menti che si svelano

MONDADORI

Traduzione di Carla Lazzari

librimondadori.it
anobii.com

ISBN 978-88-04-71221-3

Titolo dell'opera originale
Let Me Not Be Mad
I edizione maggio 2019

Indice

Fa' che non sia matto

Alle mie figlie

Nota dell'autore

Per essere certo che nessuna delle persone nominate in queste pagine possa essere identificata e che i materiali sensibili ai quali mi sono ispirato siano protetti, ho cambiato i nomi, le caratteristiche fisiche, l'ambiente, i luoghi, il genere, la nazionalità, i riferimenti etnici e i dettagli fondamentali degli eventi. Se non altro, tale confusione fa di questo libro un racconto più fedele delle mie esperienze.

Un terapeuta che raggiungesse il livello più alto di empatia diventerebbe il paziente: i due punti di vista si fonderebbero.

VALERIA UGAZIO

Chi fa la carità al povero Tom? Il lurido demonio l'ha trascinato per fuoco e per fiamma, per guado e gorgo, per palude e per pantano, gli ha messo coltelli sotto al cuscino e capestri sull'inginocchiatoio, gli ha messo veleno accanto al piatto e superbia nel cuore.

SHAKESPEARE, *Re Lear*

Ne ho a centinaia di tali ricordi, ma in certi momenti ne salta fuori uno che mi pesa come un macigno. E io, chissà perché, credo che se me lo scrollo di dosso me ne libero. Perché non provarci?

FËDOR DOSTOEVSKIJ

Tu

Noi abbiamo fatto l'abitudine alle telecamere. Troupe televisive di giovani donne e uomini, con i postumi dei bagordi notturni, con pettinature come architetture di Frank Gehry, che fumano nel parcheggio delle ambulanze e gironzolano davanti alle porte delle sale operatorie in attesa della prossima emergenza. All'inizio le nostre camicie sono diventate più formali, le maniche arrotolate come prescrivono le linee guida del servizio sanitario, il nostro tono si è ingentilito, le domande sono diventate più delicate e, per la prima volta da anni, gli occhi cercavano quelli dei pazienti. I «reality show» sono contagiosi. Nessuno era immune, molti erano già così per natura. Poi è passato.

Adesso entriamo in scena alla sinistra del palco, tutti in fila, i giovani, i vecchi, i seri, gli arrabbiati, gli speranzosi, i colpevoli; uomini, per lo più, anche se molti di noi hanno un aspetto e un linguaggio da ragazzi, parecchi in giacca e cravatta – con qualche *pince-nez* e farfallino rétro – e qualcuno in camice e scarpe da corsa. Siamo qui, uniti da qualche strana forza idiomatica, come una casta. Non facciamo più caso alle telecamere, ma è pur sempre una recita, il nostro ingresso un atto teatrale, e non ci sarebbe teatro senza di voi, il nostro pubblico: noi entriamo per venirvi a prendere.

Scartabellando cartelle cliniche, che abbiamo appena aperto, berciamo nomi seguiti da un punto interrogativo.

«Miss Jennifer Almendy?»

«Mr Konrad Kuchzynski?»

«Dottor Mohammed Moshan Alawi?»

Spesso sbagliamo pronuncia, specialmente di questi tempi, a Londra. La mia speranza è che qualcuno alzi la mano e si tiri in piedi con l'aiuto di un accompagnatore o di un bastone, oppure si spinga avanti con la sua sedia a rotelle. Ma non è affatto raro che non succeda niente, che i nomi non abbiano risposta, le nostre lettere con l'indirizzo sbagliato oppure non spedite o mai scritte, appuntamenti schivati o dimenticati: qui, in neurologia generale, questo potrebbe essere considerato un sintomo. E peggio ancora: sono qui, ma è troppo tardi; hanno perso la parola, non sono più capaci di alzare il braccio, non riconoscono più il loro nome.

Tu. Tu ci sei: eccoti attraversare la sala d'attesa per venire da me, a passo normale. Mi presento con una disinvoltura che è frutto di una lunga pratica, sorridendo e tendendo la mano, «Ti prego, chiamami semplicemente Ally», sperando di tranquillizzarti (a volte fa l'effetto contrario). Ti conduco per un lungo corridoio, con una fila di porte, con su scritto «Epilessia», «Neuroncologia», «Sclerosi multipla», «Dolore cronico», «Malattie neurodegenerative»... Ammutolisci, come ammutoliscono quasi tutti. Ti chiedo com'è andato il viaggio, se hai trovato subito il posto dell'appuntamento, se hai preso una tazza di tè. Tu rispondi con distaccata cortesia o cominci a raccontarmi una storia senza fine, oppure non mi senti, la mente altrove, oltre la fine del corridoio infernale.

La mia stanza è l'ultima a sinistra. Dico «mia», ma non ho un posto fisso. Giorni diversi, stanze diverse. Sulle pareti non ci sono fotografie di bambini o di cani, nessuna stampa rinascimentale di studenti di medicina raccolti con meraviglia intorno a un cervello nudo, nessun disegno astratto accortamente rassicurante. E invece, pareti di un bianco smorto, finiture di un azzurro gelido, strisce di luci al neon, una scrivania di un grigio squallido, due sedie essenziali ai lati, un secondo tavolo più piccolo in un angolo, su cui troneggia un poderoso vecchio computer con relativo monitor (in una finestra nell'angolo dello schermo i numeri del tasso di incidenza dell'*Escherichia coli*, che schizzano in tempo reale), armadietti, scaffali con qualche manuale o rivista obsoleti, non ancora «presi in prestito» per sempre. Potrebbe essere la sala interrogatori di un commissariato di polizia. Anni fa avevamo chiesto alla sicurezza di installare non dico delle telecamere a circuito chiuso, ma almeno un pulsante antipanico, in caso di aggressioni. Non è successo niente. Poi dalla sera alla mattina è comparso un bottone rosso che, quando lo si preme, non squilla da nessuna parte.

Sediamo alla scrivania, uno di fronte all'altro, e ci guardiamo, lo spazio fra noi si carica di tensione. Tu sei più giovane della media. I tuoi capelli con fili d'argento sono ancora bagnati. Mi arriva una zaffata di tabacco mescolato a cloro. L'impronta quasi svanita degli occhialini da nuoto come virgolette intorno agli occhi luminosi, grigio azzurri. Occhi: due cerchi luminosi, bolle d'acqua, le stigmate del cuore. A qualche tacito livello, quello che deve accadere accade in un secondo: tanto ci vuole per capire che il canale è aperto, che io posso *vedere* te e tutto quello che porti con te, per quanto devastante sia.

Quell'attimo passa, poi un altro e un altro ancora... C'è stato un tempo in cui non avrei pensato a questo come amore, ma che altro potrebbe essere?

Prima che ci incontrassimo a tu per tu, c'era stata una presentazione più formale: la lettera del medico curante. Di solito, poche righe convenzionali fra professionisti, un modulo con il tuo nome in calce. Lettera a un tempo freddamente esplicita e del tutto priva di dettagli. Non lo dico per lamentarmi, so quanto siamo sempre impegnati. La tua lettera parlava di «difficoltà generali di memoria», di qualche «comportamento strano» non specificato, accennava a «molte cose in corso nella tua vita», come se la vita non fosse fatta per questo. Ora sei qui in carne e ossa, capelli gocciolanti sulle spalle della camicia di seta, la lettera spalancata sulla scrivania. Ho un moto di repulsione. Parole casuali, stereotipate, buttate là: la tua «forza d'attrazione», la tua «resilienza», il tuo «charme». Come se gli ultimi cent'anni non ci fossero stati...

Forse non te ne accorgi, mentre la tua mente va in cerca della conclusione della lettera, che sbuca fuori all'improvviso, inattesa, a metà frase: «Che tutto questo costituisca una sovrastruttura psichiatrica, forse connessa con lo stress? O che sia invece indice di un processo organico incipiente?».

In altre parole: ansia o malattia terminale?

Le domande che ci rivolgiamo ruotano spesso intorno a queste scelte, chiamate «differenziali», di solito coppie di definizioni contrapposte, come pugili in un match: Alzheimer o vascolare? Alzheimer o depressione? Alzheimer o demenza a corpi di Lewy? Demenza a corpi o Parkinson? Parkinson o paralisi supranucleare progressiva? Paralisi supranucleare progressiva o degenerazione corticobasale? E così via di seguito. Nomi importanti. Combattimenti per il titolo. E come contorno, gli esotici: sindrome di Prion, Guam, Hiroyama, paralisi di Erb, malattia di Guacher, di Sanfilippo, di Rasmussen, di Dandy-Walker, di Wallenberg e migliaia e migliaia di altri. Una guida telefonica internazionale da giorno del giudizio. Al livello più elementare, è questo quello che noi siamo: receptionist osannati, che scelgono un nome fra tanti, il tuo nome, o meglio, il tuo *nuovo* nome; a volte con un tocco personale da vecchia scuola, ma oggi, sempre più spesso, come se a pronunciarlo fosse un call-center da Hyderabad.

Riesci a leggere dietro l'argot? Sì, è nei tuoi occhi. È nei tuoi occhi perché è nei miei. Quello che noi vogliamo sapere è se questo è l'inizio di una terribile malattia, che alla tua giovane età devasterà, con ogni probabilità, il tuo funzionamento entro tre-cinque anni e ti distruggerà entro sette-dieci anni... O sei semplicemente un essere umano?

Dipende da me *parlarti* davvero. Mi interessa tutto: il modo in cui ti esprimi (ogni tanto con una leggera esse blesa), la tua sintassi, il lessico, la prosodia, la qualità di eventuali battute (ti vengono spontanee), la concentrazione, la flessibilità mentale, il temperamento, l'autoconsapevolezza, il modo in cui mi guardi o non mi guardi negli occhi (lo fai, senza esitare). Esplorerò il tuo umore, il tuo funzionamento di giorno in giorno, il tuo lavoro, il tempo libero («nuoto come un pesce»), i libri che leggi (Grace Paley, Pema Chödrön, Proust che non finisce mai: «Una condanna a vita»), come li leggi (in piedi, mangiando patatine), la musica che ascolti (bande di ottoni, Hank Williams, Radiohead). A volte mi lascio trasportare dalle domande, andando al di là dell'ovvia rilevanza clinica, ma in fondo la curiosità potrebbe salvare il gatto (e non ucciderlo, come invece dice il proverbio): la tua fede, i dubbi, i cibi preferiti («Mangi anche come un pesce?»), la vista, l'udito, il gusto, l'olfatto, il tatto. Insieme mapperemo la tua storia medica, quella della tua famiglia (una zia soffriva di demenza semantica), le relazioni, l'appetito sessuale (digiuno intermittente). Infine, la domanda cruciale: se è cambiato *qualcosa*. E se sì, quando? E in che modo? Ne sei certa? Come te ne sei accorta? E come fai a esserne certa? Se n'è accorto qualcun altro? Davvero? Sei proprio certa?

Trattengo tutto, meglio che posso, insieme a qualsiasi altra cosa che si agiti dentro di me, tutto quello che tu rovesci fuori. La tua faccia: gli occhi a mandorla come un'icona russa, la linea del naso, quella bocca sensuale, un attimo contratta dalla paura e un attimo dopo raggiunta da una risata scrosciante... Facce, sempre, decine di migliaia in una carriera, ciascuna con infinite microespressioni che registrano ogni cosa; più liminale di un'analisi del sangue, meno decisiva di un'iniezione lombare, e tuttavia ugualmente significativa.

Posso cercare aiuto nella letteratura medica:

> Le multiformi dimensioni emotive dei messaggi dei pazienti vengono spesso occluse durante le consultazioni (Lever e Segnit, 2016), soprattutto dai medici di sesso maschile, che tendono ad affidarsi a primitivi strumenti decisionali razionali, anche quando possono essere fuorvianti (Hammond e Francis, 2018).
>
> Highburger e Kroll (2017) raccomandano di osservare con molta attenzione le espressioni facciali: il contatto oculare, la postura, i cenni del capo, i gesti delle mani, i vari «mmm» e «uhuhuh» sublinguistici...
>
> Secondo le stime di Morrow et al. (2019) almeno l'80 per cento della comunicazione avviene attraverso un comportamento osservabile, non verbale, in particolare attraverso la gestualità facciale-manuale.

Spesso la ricerca si occupa soltanto degli aspetti più rozzi e superficiali delle nostre azioni, mentre il nostro corpo e la nostra mente si scambiano ininterrottamente messaggi codificati nei dettagli più minuscoli e indescrivibili. A volte la necessità clinica spinge a inoltrarsi in luoghi poco illuminati, come quando si misura l'intuizione, «quella vecchia baldracca che ricompare per l'ennesima volta», si legge in un articolo recente. Ma, comunque la si voglia definire, l'intuizione altro non è se non la password per la piccola frazione di dati con cui non riusciamo a stare al passo, oltre la frazione ancora più piccola di dati che riusciamo a conoscere, mentre la somma dell'uno e dell'altro, di te e di me, agisce su di noi con infinite sfumature. Naturalmente resterà sempre la questione di dove tracciare il confine, di come guardarci dalle nostre interpretazioni estremamente idiosincratiche o astruse: la nostra mente, come quella dei nostri pazienti, va in ogni dove.

L'unica differenza è che tu sei costretta a rivelare dove sta andando la tua.

«Così, a quanto pare, sono "affascinante" e "resiliente". Sia ringraziato Dio.»

«Già, mi scuso.»

Butto giù un appunto: la scrittura come paravento. Una goccia scesa dai tuoi capelli piomba sulla lettera del medico. I tuoi occhi? Forse usiamo la stessa piscina, anche se non ti ho mai vista prima, e io ci vado di continuo ad accumulare vasche su vasche come prescrive il mio programma di nuoto.

«Almeno adesso ho una cosa in comune con Iris Murdoch» dici. «C'entra qualcosa il fatto che sia ingrigita presto?»

La paura ha molti fronti, compresa l'ironia. Mi dici che dimentichi dove parcheggi l'automobile al supermercato Waitrose, che lasci spesso la chiave nella porta, un giorno ti sei persa andando a prendere i bambini a scuola. Poi all'improvviso innesti la retromarcia, minimizzando quello che mi hai appena detto: sei sempre stata «sbadata» osservi, sei famosa per questo. Ma il tuo volto si ammutina, un tremito (la fascicolazione) all'angolo della bocca: la spia di chi sta bluffando.

«E poi a casa ce l'hanno tutti con me.»

Ci sono tanti modi per nascondersi: il «fatalismo» che osservo potrebbe essere una tattica sottile per legittimare preventivamente un risultato peggiore delle attese. Ma proprio mentre ti agguanto, tu compi un altro balzo: «*Tu* che cosa pensi che mi stia succedendo?» mi chiedi, schietta come un bambino.

Poso la penna. Guardare significa ascoltare.

Nonostante tutti i tuoi sforzi perché non si disegni una trama e ciò che le succede appaia accidentale, non ce la fai:

pensi che il tuo cervello stia andando in poltiglia. La mia intuizione è che tu abbia ragione, ma non posso dirtelo, non ancora.

«Cosa misurata è cosa fatta» dice un proverbio inglese. Anche nel nostro caso, come in qualsiasi altra attività. Ti sottopongo a tre ore di neuropsicometria («Tre ore! Il mio secondo parto non è durato *tanto*»). Misurare la mente è una questione controversa, sul piano filosofico, etico e statistico. Le radici falsamente scientifiche della misurazione affondano nella supremazia caucasica del XIX secolo: confrontare il volume dei crani di razze diverse riempiendoli di piombo ne è un esempio. Con il tempo, al posto degli spari sono arrivati i puzzle, le figure, la formazione delle parole. La professione ha sempre un'aria piuttosto conservatrice, capricciosa e sicuramente anacronistica di fronte alle sue lucenti controparti dell'imaging nucleare. Gli apologeti ne parlano come di un'arte e non solo di una scienza, e questa, a casa mia, si chiama sconfitta.

In questo stesso momento, da qualche parte, negli anfratti degli ospedali di tutto il paese uomini e donne (di solito caucasici bianchi) con occhiali dalle lenti spesse si interrogano sulla validità dei loro strumenti, su quale relazione ci sia tra la loro funzionalità e i vari domini cognitivi, su come i domini stessi siano in relazione con i vari luoghi neuroanatomici, le cosiddette «aree di Brodmann» e così via... Gli ultimi venticinque anni sono stati gli anni del cervello. Le mode vanno e vengono: la corteccia, la subcorteccia, i tratti di materia bianca, le velocità di trasmissione, le oscillazioni gamma, le vie segrete che si aprono soltanto nel cuore della notte. C'era un re, raccontava Hegel, ossessionato dall'idea di avere una mappa perfetta del suo regno, perfetta in sé e per sé, indipendentemente dai suoi territori. Quando fu completata alla perfezione dagli esperti, il sovrano diede ordine a un esercito di operai e artigiani di rimodellare tutto il suo reame, pietra su pietra, albero su albero, filo d'erba su filo d'erba, a immagine della mappa, finché le casse del tesoro rimasero vuote. Non credo sia troppo cinico ipotizzare che, forse, anche noi corriamo il rischio di perderci nel costruire simulacri fantasticamente elaborati e costosi delle nostre idee.

Soprattutto quando le idee sono inafferrabili come il «tu» che ho davanti. Sto forse parlando con un homunculus *affascinante*, seduto da qualche parte dietro un pannello di controllo di una complessità spaventosa, un paio di occhi grigio azzurri dietro gli occhi del dipinto? E se dentro quel «tu» ce ne fosse uno più piccolo, più indifeso, ancora più affascinante, come in una matrioska? O se invece «tu» sostanzialmente non fossi lì, fossi lì soltanto come effetto, come un epifenomeno attraente dell'integrazione senza autore di facoltà differenti? Un accidente, in altre parole. È il cosiddetto *binding problem*. Da un punto di vista filosofico, è impossibile prendere un decisione definitiva.

Ma il lavoro prosegue. Inizio con la stima delle tue capacità «premorbose» o *di base*. Se qualcuno ha una lesione cerebrale devastante ed è seduto davanti a te, allora, per quanto palesi siano gli effetti, è necessario ancorarsi in qualche modo a quel che c'era prima. Il buon senso può venire in soccorso: il livello di istruzione e i risultati professionali, l'opinione di amici e parenti, e così via. Ma il buon senso suggerisce anche che tutto questo possa essere non solo utile, ma anche fuorviante: quante madri e quanti padri saprebbero descrivere con *precisione* la capacità ottimale dei propri figli? Noi, perciò, utilizziamo prove basate su abilità sovra-apprese, come l'acquisizione del lessico, talmente praticate da diventare automatiche perché resistono meglio di altre agli effetti di lesioni e malattie.

«Non capisco» mi interrompi.

«Un attimo di pazienza.»

Con questo strumento posso valutare la tua prestazione attuale. Ogni malattia neurologica agisce su regioni neuroanatomiche differenti che, grazie allo shrapnel nel cervello di un soldato o all'ablazione chirurgica del cervello di una scimmia, sono state associate a facoltà cognitive distinte. Durante il tuo test, quindi, io andrò in cerca di quegli aspetti che paiono significativamente diversi dalla valutazione premorbosa.

«È chiaro?»
«Premorbosa? Significa che non sono ancora morta?»
«No.»
«Non capisco.»
Non importa. Non è necessario, non è il tuo mestiere. Il mio, compreso il linguaggio sibillino (noi lo chiamiamo «psicoeducativo»), è di utilizzare tutta quella che potrei chiamare «*expertise* clinica» per decidere se il tuo profilo è *normale* oppure segnala qualche patologia.
«Ok?»
«Ok.»
Una parte di te è sconfitta ancora prima di cominciare. Io tiro avanti, l'ambulatorio è prenotato da un collega per mezzogiorno.
«Dirò una serie di parole e quando smetterò voglio che tu mi ripeta tutte quelle che ricordi. Ok?»
«Nello stesso ordine?»
«In qualsiasi ordine.»
«D'accordo.»
«Se ti blocchi, non farti prendere dal panico. Le ripetiamo. Se hai bisogno di una pausa, o vuoi domandarmi qualcosa sui test o qualsiasi altra cosa – ripeto, qualsiasi cosa – fermami. Ok?»
Annuisci.
«Altrimenti andrò avanti, come un insegnante robotico di matematica. Pronta?»
«Pronta.»
«Tagliaunghie... Cile... melograno... alce...»
Leggo le parole lentamente, senza nessuna inflessione,

una ogni due secondi, per un totale di sedici, in modo del tutto astratto come una poesia di John Ashbery. È un compito supra-span, troppo difficile perché la formazione del tuo ippocampo (l'area anatomica associata alla memoria) lo codifichi con un solo tentativo. Se il tuo cervello è sano, troverà un modo per farlo: «Lime... pinzette... bisturi... Danimarca... Ora a te.»

«Sì... È stata una giornata fredda in... *Belgio*? Lei ha mangiato il pompelmo o è stata costretta a mangiarlo pezzettino per pezzettino con un paio di minuscole pinzette da suo padre che aveva in mano un bisturi.»

Penso all'irresistibile bisogno umano di raccontare storie, mettendo insieme questo e quello come frammenti di qualcosa di più grande, quasi a voler trasformare il «vivere» in una «vita».

«Non so ... Ha cominciato a piovere?»

«Non saprei.»

«Naturalmente. Non puoi saperlo.»

Voglio aiutarti.

«Riproviamo. Ricordati: è soltanto un elenco di cose, niente altro.»

Mentre recito la lista per la seconda volta, l'occhio si sofferma sui riccioli spuntati magicamente fra i tuoi capelli quasi asciutti, come il genio dalla bottiglia, riccioli che diventano sempre più selvaggi di momento in momento. Il mio battito cardiaco è aumentato di cinque o dieci pulsazioni al minuto, il mio respiro – l'anemometro prossimale di tutto ciò che pensiamo e sentiamo – ora è corto e rapido, desideroso che tu faccia meglio.

La tua resa potrebbe essere semplicemente «sbadataggine», un artefatto capriccioso. O potrebbe essere semplicemente una funzione della tua vita da nomade. Hai fumato montagne di erba e «un pizzico» di eroina durante gli anni trascorsi in giro per il mondo, in Kerala, nel nord del Pakistan, sulla costa occidentale del Guatemala. E adesso bevi decisamente troppo vino bianco. In questo momento, nella tua vita ci sono parecchi motivi di stress: una figlia bulimica, un padre in casa che ha bisogno di cure dopo un ictus, un marito distante («No, non è aggressivo, richiederebbe troppa energia»), un'insonnia crescente. Tutte cose che potrebbero avere effetti negativi sulla tua performance, perciò quanto è affidabile quello che vedo? E poi, quello che dici sarà vero? Del tutto vero? Ci sono studi che hanno dimostrato come la tua generazione, la nostra generazione, menta in media due o tre volte ogni dieci minuti, gli uomini per apparire migliori e le donne per sentirsi buone. Quante volte può succedere durante una seduta media di valutazione? Cinquanta? Cento? Forse di più, visto che sentirsi bene è una questione di vita o di morte. Quali parti sono false? Qual è la cosa che più desideri farmi vedere, e qual è la cosa che più vuoi nascondere? Questo vale anche per me: io voglio che tu mi veda in un certo modo – simpatico, comprensivo, esperto, bello (a modo mio) – e ti nascondo tutto quello che non rientra in questo quadro. Voglio rassicurarti, dirti esattamente quello che vuoi sentirmi dire, mentire nel nome della salute. Penso al medico di campagna di Kafka, convinto con superficialità che il suo paziente dall'aspetto esausto non abbia niente – ed è quello che dice alla famiglia – salvo poi scoprire, con una visita più accurata, una ferita gravissima e infetta sul fianco del giovane.

Il secondo e il terzo tentativo non vanno meglio del primo. Al quarto ricordi due nuove parole e ne dimentichi una che prima sapevi.

«Sono stata un disastro, vero?»

«Il conteggio lo farò dopo.»

«La peggiore della classe?»

«Ci vuole un po' di tempo per tirare le conclusioni. Andiamo avanti.»

Gli occhi ti luccicano. Una vena ti pulsa nel collo.

«Ho sempre odiato i test. La mia amica mi ha detto di organizzare le cose come se facessero parte di una storia.»
Allungo gentilmente verso di te la scatola dei fazzoletti di carta. Voglio fare di più.
«Che cretina ... Però sono ancora brava a disegnare.»

Trenta minuti dopo ripeto lo stesso elenco, questa volta trattenendo il fiato, come facevo da bambino sott'acqua nella vasca o fra un lampione e l'altro mentre viaggiavamo in automobile, oppure quando mi rimproveravano o c'era qualcuno che sgranocchiava una mela: l'esercizio del fare a meno e del far sì che il mondo obbedisca al mio comando... Ma no: di nuovo malissimo.

Siamo trasformisti: non c'è limite alla nostra capacità di identificazione. Il tuo volto, la tua voce, il tuo respiro si evolvono continuamente, ogni volta diversi da quelli precedenti, talmente mutati nelle due ore trascorse da quando ci siamo incontrati da essere irriconoscibili. L'aspetto: più intimo di qualsiasi esame fisico.
La dinamica cambia di nuovo, sintomi che si accumulano fra di noi, rivoli di una storia più ampia, sottaciuta: una commedia, un omicidio, un amore. Farfalle, il cuore che pulsa a velocità pazzesca, 145 battiti al minuto, 150, 155, vicino alla zona 4, respiro galoppante, mani tremanti, io che sono uno specchio involontario della tua postura, che modello la compassione con la creta del corpo... L'intensità dell'attivazione neurale viene processata attraverso strutture limbiche profonde e, quando supera una soglia definita geneticamente, il sistema nervoso autonomo si attiva e innesca mutamenti automatici inconsci nei sistemi cardiovascolare e respiratorio, preparandoci alla lotta, alla fuga, all'immobilità, all'amore. Siamo esseri sensibili, non c'è scampo.
Guardati: tu non esisti per caso. Una volta tanto il mio collega dinosauro ha ragione: sei davvero «affascinante».

Abbiamo trascorso insieme tutta la mattina. Questo è più del tempo, più dell'attenzione e più della tenerezza che ognuno di noi due dedicherebbe ai propri figli o compagni in una settimana.

Durante il test, il desiderio che un paziente vada bene (perché per qualche ragione più o meno confessabile ti commuove con la sua mitezza o ti eccita con la sua presenza) oppure il desiderio che vada male (perché ti richiede troppo tempo, parla una lingua straniera, è ingrato, insistente oppure perché tu hai mal di testa, pensi al biglietto del parcheggio o a un'escrescenza che scurisce sotto l'ascella) non potrebbe agire sulle cose, facendo sì che si aggreghino e connettano in modo tale da trasformare un «niente» in un «qualcosa?» O viceversa? Forse non lo sapremo mai. Almeno per il momento la conversazione non è possibile, perché non esiste un linguaggio medico capace di ammettere che il sentire possa interferire con i fatti anziché servirli ciecamente. C'è l'intuizione, ma quello di cui parlo io è un sostrato inferiore all'intuizione. Laggiù, nei recessi più bui e gelidi, le emozioni sono tutto ciò che abbiamo.

«Peone... palafreniere... piscio... pertugio?»

Siamo ben oltre John Ashbery. Fuori, un piccione tenta di atterrare sul davanzale della finestra, che è molto stretto proprio per tenere lontano lui e i suoi simili.

«Pontefract... pisello... patetico.»

«Tempo scaduto, temo.»

Tutte le parole che iniziano con la stessa lettera che riesci a formulare in un minuto, esclusi i nomi propri e le imprecazioni.

«Oh, mio Dio! È fatto così un "processo organico incipiente"?» mi chiedi. «Sono post-morbosa?»

Nel tempo che mi ci vuole per sviare la domanda vedo dipanarsi il tuo futuro. Prima la smemoratezza: dimenticare i nomi degli amici, dei figli, il motivo per cui sei entrata in una stanza, a che ora hai messo l'arrosto nel forno, chiedere alla donna delle pulizie se ha dato da mangiare al gatto e chiederlo di nuovo dieci minuti dopo. L'inizio della cosiddetta «disprassia»: il momento in cui dimentichi come funziona il telecomando del televisore, da che parte si gira la chiave nella toppa, come si allacciano i bottoni della camicetta. («Sbadata?») L'avvento dell'«anomia», che segue la regola della frequenza: prima dimentichi il nome del formaggio Caerphilly e poi del Cheddar, poi dimentichi formaggio, poi figli, i tuoi figli. Una marea implacabile di confusione: perché il fine settimana è cominciato giovedì. Dov'è il soggiorno. («Non *soggiorniamo* in tutte le nostre stanze?»). Se la donna delle pulizie ha arrostito il gatto. A che cosa serve la chiave. (Ancora «sbadata»? Un po' tirato per i capelli.) Paura di stare troppo a lungo fuori di casa, di stare in compagnia, di essere lasciata sola. Una passione per le caramelle frizzanti, i crauti e i mandarini Satsuma, poi all'improvviso niente più appetito. Momenti in cui non ce la fai ad arrivare in tempo alla toilette, oppure ci vai, ma scopri che non è più lì, di nuovo. Fai finta di leggere, smetti di fare finta. Convinta che le parole crociate sempre più elementari che tuo marito ti lascia sul tavolo siano volutamente difficilissime, oppure che lui vi abbia inserito messaggi vendicativi. Incapace di scrivere il tuo indirizzo o di leggere i promemoria che hai scritto, o di sapere a che cosa serve la penna. Fino a che, seduta in soggiorno per ore e ore, senza televisione, senza radio, senza cellulare – la «sbadataggine» andata da tempo – sei tuttavia quasi totalmente distaccata dalla sensazione sempre più fievole che stai perdendo tutto, compresi te stessa e quelli intorno a te, che, loro malgrado, continuano a lamentarsi, brontolare, borbottare. *Quasi*... Mi guardi con occhi spalancati, ardenti. Voglio restituirti qualcosa, ma non posso.

Quando un clinico si mette a descrivere un caso, tanto varrebbe che scrivesse una storia, così poco rilevante è quello che fa rispetto a quello che succede davvero nella stanza. Se, come afferma Philip Roth, ti sbagli su qualcuno prima di incontrarlo, ti sbagli di nuovo quando lo incontri, ti sbagli ancora quando ripensi all'incontro, allora, quando è il momento di mettere nero su bianco il colloquio, tanto varrebbe ripartire da zero. Dobbiamo cambiare nomi e dettagli, ma non basta. Un po' di fiction è inevitabile, tanto necessaria quanto inquinante: l'immaginazione potrebbe anche giovare al prossimo paziente.

Ma questa, qui davanti, sei *tu*, non immaginata, non ancora scritta. Siamo uno di fronte all'altro sui due lati della grande scrivania grigia; lo svelamento rifiuta di arrestarsi: tu, *la cosa stessa*, senza orpelli, inerme, supplichevole, quietamente devastata e in qualche modo radiosa. Una catena invisibile di proteine canaglia cresce per oscurare ciò che, nelle immagini a contrasto, è di un bianco brillante.

«Ho bisogno di rivederti.»

«Quando?»

«Fra dodici mesi.»

«Ok.»

«Magari nove.»

«Ok.»

«La segretaria fisserà l'appuntamento.»

La sto tirando per le lunghe, nella speranza che tu intuisca quello che non posso dire.

«D'accordo.»

«D'accordo.»

«Dovrei fare il sudoku, vero?»

«Solo se ti piace.»

«No.»

«Allora no.»

«Ok.»

«Ok.»

«Grazie. Bene. Mi dispiace».

Mi dispiace.

J.B.

«Ha una soglia del dolore alta» dice Milner, il padre, sorridendo (chissà perché) attraverso una barba folta come uno sciame di api.

«Non è vero. Non sopporta il dolore.» La madre è appollaiata in un angolo del divano, come un'adolescente scontrosa.

«È un bambino» dice lei.

«Un bambino grande e delinquente.»

«Ha un'adolescenza precoce.»

«Un po' come suo padre.»

«Ma più come sua madre.»

Io dovrei stare nel mezzo. In realtà non ci sto. Fingo di prendere nota di qualcosa di significativo.

I due, uno accanto all'altro, entrambi con addosso il montone, la neve sugli stivali non ancora sciolta, un mondo intero fra loro.

«Posso chiedere perché lui non è qui?»

«Si è rifiutato di venire, dottore.»

«Sei tu che gli hai permesso di rifiutare» dice lei.

«Parole, parole, parole.»

«Esatto, *parole*. Che altro vuoi che siano?»

Meno di due minuti in un colloquio di un'ora, meno di un mese in una carriera nuova. I pazienti non sono i soli a essere vulnerabili. Non avevo dormito molto le ultime due notti, chiedendomi come sarebbe stato di persona. Lo avevano mandato per una prima valutazione al Child and Adolescent Mental Health Services, il servizio di salute mentale per bambini e adolescenti, dove ero stato da poco assunto. Ero rimasto sbigottito, leggendo le ipotesi del medico di famiglia sulle possibili diagnosi – ADHD, autismo, disturbi del comportamento, epilessia giovanile, trauma non diagnosticato e altro ancora – spruzzate qua e là nella lettera come un Pollock. Non a caso, il padre, un entomologo, le ricordava tutte. Un conto è starsene seduti in un'aula durante un seminario di specializzazione clinica e snocciolare le più recenti critiche, più o meno misurate, alle diagnosi psichiatriche: «atti di discorso oppressivi», «compagni incestuosi di letto delle multinazionali degli psicofarmaci», «ultime confuse enunciazioni di una professione in stato terminale». Tutt'altro conto è incontrare la persona che quelle diagnosi tentano di spiegare. Il fatto che fosse soltanto un bambino rendeva la cosa ancora più inquietante. Poi non è venuto.

«Allora perché *voi* siete qui?»

«Sì, perché siamo qui?» Lei guarda il marito: «Diglielo... *diglielo*» insiste, con le labbra sbiancate. «Non ce la fai, vero?»

Quando i genitori portano un figlio estremamente disturbato, la regola è di non sprecare tempo a valutare loro, visto che è il figlio a essere «anormale». Ma la sua assenza non mi lasciava scelta.

«Beh, è un casinista. Si caccia sempre nei guai. Non sa che cosa va bene per lui, non sa neppure quando fermarsi...» Parole buttate in un pozzo. Aspetto, ma il pozzo è senza fondo. Per un attimo il sorriso incollato sul viso di Milner si incrina agli angoli. Un tempo forse di una bellezza tenebrosa, come un cosacco, adesso è grassoccio, un po' flaccido, sulla via del crollo.

«Non molto tempo fa gli abbiamo comprato tutto il

set dei trenini Hornby, sperando che risvegliasse la sua immaginazione.»

«*Tu* speravi, *tu* gliel'hai comprato...»

«Sì, l'ho comprato *io*.»

E mentre lui racconta le ore felici che aveva trascorso da piccolo, giocando con il trenino insieme al padre, lei commenta dal suo angolo del divano, alzando gli occhi al cielo, borbottando sottovoce, scuotendo a lungo il capo in segno di disapprovazione, nel caso che io mancassi di accorgermi quanto tutte quelle parole sono idiote, irrilevanti.

«In che genere di guai?» interrompo.

«La divisa scolastica è sempre in condizioni pietose, morde la penna e si versa l'inchiostro in bocca, fa tardi a scuola.»

«Ha messo dei funghi velenosi nel porridge del fratello.»

«Pensava fossero mangerecci.»

«Si è quasi rotto l'osso del collo, saltando giù dalla finestra della camera.»

«Solo un piede. È stata una bravata per conquistare gli amici; è un diavoletto.»

«Un diavoletto? È *il* demonio.»

«Era tutta una sceneggiata.»

«Sì, a beneficio della bambina che sta due porte più in giù. Ha solo sette anni.»

Mi hanno rubato la scena. Scribacchio qualcosa per far vedere che ho una funzione e per avere la sensazione di esistere. Con quei due, penso, chissà fin dove deve arrivare quel bambino per sentire di esistere.

Allegata alla lettera del medico c'è una fotocopia di ricoveri significativi in ospedale: a quattro anni il fratellino vi era stato portato per prudenza dopo che aveva ingerito funghi di origine sconosciuta. Era già il terzo ricovero: il primo perché costretto a ingerire una puntina da disegno, il secondo perché colpito in testa da un pendolo di piombo, dopo essere stato rinchiuso dentro l'orologio a pendolo del nonno. Quanto al mio paziente, era stato in ospedale per la frattura di una caviglia a sette anni, quando era caduto dalla finestra della sua camera, da un'altezza di cinque metri. Negli ultimi mesi era stato diverse volte al pronto soccorso. Cinque settimane prima dell'appuntamento aveva subìto un piccolo intervento: il giorno delle dimissioni si era buttato giù dal letto di proposito, riaprendo la ferita chirurgica e prolungando il ricovero di un'altra settimana. Quindici giorni dopo – dieci prima dell'appuntamento con me – era stato portato di notte all'ospedale per ragioni non specificate.

Il padre, significativamente, aveva *dimenticato* tutto. Durante la specializzazione, un nostro insegnante, un texano con inclinazioni psicoanalitiche, ci aveva avvisati di stare molto attenti alla negazione della realtà da parte dei nostri pazienti: «C'è sempre un elefante nella stanza: fatevi cacciatori di elefanti». (Avevamo tutti riso per la similitudine iperbolica, e fuori luogo a vari livelli.) «Divisa in condizioni pietose», «guai»: sembravano tutti eufemismi terribilmente fuori luogo, coniglietti in una stanza di elefanti. Il padre, mentre li offriva come esempi dei misfatti del figlio, dava la sensazione di essere dissociato e indifeso, con quel suo debole sorriso a malapena capace di sfiorare il mondo. Pensai, ricordo, che nel volto di quell'uomo rigido e bacchettone non c'era traccia di ciò che avevo letto sul ragazzo. E viceversa. Era qui, in parte, il problema. Senza dubbio.

«Ha una soglia del dolore alta» ribadì lui per la seconda volta.

«No, che non ce l'ha. Non esiste una cosa del genere, vero?» dice, rivolta a me.

Io continuo a scribacchiare, una sfilza di formule più o meno raffazzonate, più pretenziose che penetranti, per esempio:

B non si presenta alla valutazione preliminare, ma sono i genitori i veri assenti. Sono completi nella loro infelicità... Completi ma dipendenti... Se B non esistesse dovrebbero inventarlo.

In realtà sto solo evitando due paia di occhi che mi guardano, in attesa.

«Beh, è complicato» dico.

E, come avevo imparato di recente, durante il dottorato, non si può negare che il dolore *è* complicato. In termini darwiniani è parente stretto del pericolo, il principio organizzatore primario del comportamento umano. Il suo significato è testimoniato dalla complessità: ha un numero di sfumature fenomeniche superiori a quelle di qualsiasi altro percetto sensoriale, con parametri che la letteratura ha appena cominciato a tentare di delineare (Crittenden, 2008). Le soglie hanno senso solamente in contesti di tolleranza, magnitudo, sensitività, anamnesi del dolore, aspettative, temperamenti, predisposizioni. Poi ci sono diverse motivazioni potenziali: non si può presumere di evitare la sofferenza, quando la ricerca di novità o di azioni motivate dalla ricompensa può facilmente governare il comportamento. Per non parlare poi delle cause del dolore, virtualmente infinite, come qualsiasi cosa sotto il sole: gli studi suggeriscono che i possibili stimoli che provocano il dolore siano specifici per ciascun individuo. La lotta fra il signore e la signora Milner fa parte di uno scontro generalizzato nella pratica clinica: le specialità di neurologia, psichiatria, anestesiologia, ortopedia e psicologia, ciascuna rivendicando la propria origine intellettuale, tentano in ogni modo di combatterlo, di evitarlo, rifiutando di ammettere i limiti delle loro convinzioni. Il dolore: il lebbroso, il paziente di cui tutti si preoccupano ma che nessuno vuole toccare.

«È un ladro. Sono anni che deruba noi, i nostri vicini, i negozianti» dice lei. «Sigarette, penne, adesivi, tavolette di cioccolato, patatine: le mangia a mucchi, le divora, come uno squalo che aggredisce una barca. Persino cose vive: insetti, vermi, ragni, rane, una volta un passero, che ancora tremava. Ma perché lo fa?» chiede lei a me.

Per creare «uno spettacolo repellente che ti costringa a essere caritatevole»... E potrebbe anche valere per il discorso sulla soglia alta del dolore...

Continuo a scrivere anziché parlare. In realtà, mi mancava la fiducia nelle mie convinzioni. Quello che intendevo era che un triangolo distorto prole-genitori, in cui il figlio è incapace di vedere e capire i fattori che motivano il comportamento adulto – per esempio un conflitto matrimoniale non ammesso, cristallizzato – può sfociare in atti teatrali di interiorizzazione compulsiva (i passeri?!) oppure in uno spettacolare gioco-suicidio (saltare dalla finestra) volto a ottenere un comportamento parentale più leggibile. (Mi pare di sentire il ragazzo che dice: «Ta-dah!... Eccomi qua... Sono quassù... Amatemi... Disprezzatemi pure, se volete, ma accorgetevi di me!».) Ma può anche produrre un ottundimento della consapevolezza sotto forma di estrema tolleranza per il dolore.

«È difficile esserne certi...» è tutto quello che dico.

Lei mi racconta che il figlio torna da scuola, si chiude nel soggiorno e si dedica alla risistemazione rituale di qualsiasi oggetto che possa ostacolare il campo visivo fra la sua sedia e il televisore: anatroccoli di legno, elefanti africani, una giraffa con una gamba sola, un tappeto di pelliccia sintetica di orso polare, tutto deve spostarsi nella stanza, per essere ammucchiato dietro il sofà, lontano dagli occhi, insieme a decine di libri, dischi, un assortimento di oggetti di ottone del primo periodo industriale.

«Stessa cosa tutti i giorni, solo per guardare i suoi programmi. Ma perché lo fa?»

La replica di una rappresentazione ispirata dall'ansia... La casa era già vuota e ora B la stava spogliando interamente... solo che non riesce mai a togliere tutta l'Angst.

Lei ha smesso di aspettare la mia risposta.

«Nessuno osa entrare. Ogni tanto socchiudo la porta e butto dentro una confezione famiglia di Monster Munch o di Penguin come fossi il guardiano dello zoo.»

La voce si ispessisce per la sofferenza. «E io resto a sentirlo masticare... Lo lascio fare... perché finché è là dentro significa che il fratellino è al sicuro e ci sarà pace...»

Ormai è esausta e tace. Nessuno parla. Poi: «È per questo che ho comprato il trenino elettrico: era un modo per riavere il soggiorno» interviene il marito.

«AAAAAAAHHHHH» grida lei, il miagolio disperato di un gatto. «CRISTO, CRISTO, CRISTO SANTO!»

Lei gli caverà gli occhi...

La sua sofferenza era autentica. Ma in quel primo colloquio non era stata del tutto onesta. Avrei saputo in seguito che aveva avuto una storia con uno psicologo di quarant'anni più vecchio, suo insegnante alla scuola serale.

Seguendo le istruzioni personali del professore, aveva introdotto in casa programmi di gestione del comportamento sotto forma di *token economy* – crediti per la buona condotta, debiti per quella cattiva – adattati dalla letteratura sui bambini con difficoltà di apprendimento. Solo che il figlio non aveva difficoltà di apprendimento: era lesto, come un ladro. E lei non era stata capace di tener fede al programma: c'erano sempre incoerenze nelle regole e buchi nei contratti, che il ragazzo percepiva prima ancora che l'inchiostro si asciugasse. Tutte le settimane rimediava un gruzzoletto da spendere in bevande alcoliche, sigarette e, più avanti, colla, butano, Southern Comfort. («Tutti gli altri ragazzi vogliono essere Batman o Superman; lui vuole essere Sue Ellen Ewing.») Tragicamente – per la signora Milner – il fidanzato morì sotto i ferri del chirurgo (un rischio sempre presente quando fra i due c'è mezza vita di differenza), così lei fu costretta a cavarsela da sola con il figlio e con il proprio dolore. I programmi furono abbandonati. Il marito sapeva tutto e non mosse un dito, ma un pomeriggio comprò il trenino elettrico, tre mesi prima del compleanno del figlio, un po' come il cane che torna ad alzare la gamba contro il vecchio palo della luce; il regalo, in realtà, era un'arma nella lunga, confusa lotta coniugale, cominciata già prima del matrimonio.

Passano alcuni momenti. Non oso scrivere nulla. Lei ha le mani sulle orecchie, una cornice intorno al volto dolente. Il marito, a meno di un metro di distanza, continua a sorridere.

Come un dittico intitolato «Insieme»... Quanto di tutto questo è a mio beneficio?

Ripensandoci ora, mi sembra strano che lui abbia cominciato a raccontarmi del treno giocattolo e del suo scopo, e poi gli abbia attribuito uno scopo diverso, considerato quello che il figlio ne avrebbe fatto. C'è dietro un'amnesia di tipo particolare, qualcosa nelle persone che ri-raccontano il passato – spinte da un'ondata momentanea di entusiasmo – e nel frattempo dimenticano come finisce la storia e che cosa potrebbe rivelare di loro. Amici e colleghi, avendo notato che a me capita regolarmente, la chiamano scherzosamente la «sindrome di Benjamin», il mio unico contributo al canone diagnostico. Ma non è specificamente mia: tutti raccontiamo storie contro noi stessi.

«Sta per finire il tempo» mento. Siamo appena a metà.

Il ragazzo non si è presentato all'appuntamento successivo. Strano a dirsi, provai più delusione che sollievo quando la signora Milner arrivò senza di lui. Aveva portato la sua foto, invece. Una faccia tonda come la luna, anonima, fronte pronunciata, denti storti fittissimi, per il resto poco interessante. Voleva che *io* vedessi qualcosa: uno squilibrio mostruoso? Una sofferenza eccezionale? La possibilità di una trasformazione? Ma era soltanto una fotografia. Scrutando gli occhi, piccoli, opachi, grigi, consapevole che quelli di lei erano fissi nei miei, in attesa di qualunque cosa dicessi, mi colpì soltanto il senso di vuoto che provavo.

Con il permesso del mio supervisore, mi fu concesso di vederla nelle settimane successive, pensando che potessi influenzare positivamente la sua genitorialità. Credevo che, nonostante l'assenza, il figlio trovasse svariati modi per contattarmi, con comportamenti che rendevano certa la presenza dei genitori: forse un preludio alla terapia di coppia, e, dopo il fallimento, un sostegno per la madre.

Se le si concedeva spazio, la signora Milner parlava affannosamente, come un torrente in piena. Sempre la stessa domanda: «Perché, perché è così?». Chiedeva, si rispondeva, poi demoliva la propria risposta e chiedeva di nuovo. I suoi racconti zigzagavano verso l'intimità e la vicinanza per poi all'improvviso allontanarsene. Mi raccontò che quando era incinta aveva avuto fantasie molto vivide su come lei e il suo bambino sarebbero stati insieme nei suoi primi anni di vita. La compensazione per un matrimonio già morto sul nascere: nella sua immaginazione il bambino era diventato il suo compagno. E la più dolce delle ironie: la nascita era prevista nel giorno dell'anniversario di matrimonio. Ma siccome le doglie durarono settanta ore («E lui viene a parlare a *me* di fottute soglie del dolore alte!») madre e figlio finirono per condividere la stessa data di compleanno: non avrebbero potuto essere più vicini di così. E per un attimo lei ha di nuovo venticinque anni e si crogiola nei teneri oppioidi della neomaternità. Un istante dopo il volto le si indurisce.

«Ha lottato con le unghie e con i denti per non venir fuori, perché una cosa del genere? Perché?»

I feti non hanno i denti.

Alla fine dovettero usare il forcipe e, quando finalmente lo avevano estratto, la testa enorme – la causa del problema – era schiacciata e ammaccata, sembrava un uovo di dinosauro. Bel regalo di compleanno: una creatura uscita dal manga *Black Lagoon*.

E la sua faccia, la sua prima faccia, che la guardava, chiedendo qualcosa, come lei chiede qualcosa a me. E noi (lei e adesso io) non ne conosciamo il significato, non riusciamo a placare queste facce...

«E com'era la sua faccia prima?» si chiede.

Intende dire quella prenatale, quando era dentro di lei. Non lo saprà mai, ma continua a immaginarla mentre si forma, registrando, attutiti, i ritmi disperati e le raggelanti cadenze della guerra fredda che si combatte intorno a lui.

«Niente di strano che sia com'è... Non aveva neppure un nome. *Lui* voleva Ben e io non l'ho mai voluto davvero.»

Me lo racconta piangendo: mentre lo abbracciava e lo baciava teneramente, lo chiamava con un nome e, quando quello non «suonava» giusto, con un altro e poi un altro, finché nessun nome andava bene e si era dovuta accontentare di Ben. Ormai era troppo tardi, tutta quella incertezza – quella assenza di *intuizione* – aveva fatto i suoi danni.

Un decennio dopo, e loro due quasi non si parlano. A parte quelle rare notti, tre volte all'anno al massimo, in cui il ragazzo la sveglia, la porta nella sua camera, lontano dal padre e, a malapena cosciente – una sorta di sonnambulismo –, le svela ogni piccola cosa che sta dentro il suo cuore. La mattina dopo, riprese le distanze, lui non ricorda più nulla, e a lei resta ciò che il figlio le ha detto. Così, lei fa lo stesso con me. Quasi che, per ordine del figlio, spettasse a me convincerla che, al di là di tutta la devastazione, quelle rare convocazioni nel cuore della notte erano la prova che i fili della connessione fra loro non si erano spezzati e che il loro legame, per quanto fragile, un giorno avrebbe potuto rafforzarsi.

Molti anni dopo mi sono imbattuto in lei davanti alla stazione ferroviaria di Leeds, dov'ero andato per un seminario. Fu piacevole rivederla. Lei sorrise e ricordo di avere notato – non poteva essere la prima volta – che aveva i denti storti come il figlio. Che i genitori di lei avessero avuto le sue stesse preoccupazioni e avessero saltato i controlli dal dentista e chissà quali altre attenzioni dovute alla figlia? Era il genere di possibile segnale diagnostico che avevo imparato a captare nel corso degli anni, ma che non mi sarebbe mai venuto in mente alle mie prime esperienze.

Ben aveva appena compiuto trent'anni.

«Che cosa fa?» chiedo.

«Lavora per una ONG, per i senzatetto. Ha contribuito a fondarla.»

«Mi pare che qui questo sia un problema.» Nella breve passeggiata sotto un porticato vittoriano ristrutturato di recente (un negozio su tre era di depilazione o abbronzatura), mi avevano offerto quattro volte «Big Issue», il giornale di strada dei senza dimora.

«È un problema, specialmente per lui. Sembra uno di loro, ha lo stesso odore e chiede continuamente soldi che dà via subito.» Lei era come sempre un misto di duro e morbido. Si sarebbe detto che lui invocasse ancora la sua carità cristiana. Il suo clochard personale.

«Posso chiederle qualcosa velocemente, dottore?» Sempre il vecchio impulso a dire di più.

Come sempre abbastanza elastico sui confini clinici, ho acconsentito e siamo andati a bere un caffè nella mezz'ora che mi restava prima della partenza. A suo tempo, l'avevo indirizzata da uno psicoterapeuta che era stato «meno che utile» (non ha aggiunto altro), ma quell'esperienza le aveva in qualche modo fornito l'energia per lasciare il marito, il terapeuta, gli uomini in generale. A parte i figli, aveva delle amiche, un lavoro che le piaceva ed era andata a vivere con un gruppo buddista locale.

Parlò di Ben: il caos dell'adolescenza e dei primi anni dopo i venti, difficile da credere, difficile da sopportare, era convinta che sarebbe finito morto o pazzo, e ogni tanto aveva ancora quell'idea.

«Vive come se avesse un candelotto di nitroglicerina sulla testa. O sono io. Lui non sa neppure di avercelo.»

Ci sono cose che non possono cambiare. Come allora, lei riempiva ogni centimetro dello spazio fra noi due con le sue preoccupazioni, schiava degli stessi ritmi di ansia e rimorso.

«Se soltanto avessi saputo allora quello che so ora, sarei stata più brava.»

«Mi spiace che lui abbia avuto una vita così triste, difficile.»

Mi raccontò che leggeva continuamente libri di psicologia e di autoaiuto. Sapevo che c'erano tre tipi di bambini? Quelli che sono accuditi abbastanza bene, quelli che sono sicuramente persi (a causa di un «disturbo fondamentale della strutturazione di base» ricordava) e poi quelli di mezzo, quelli che potrebbero andare in una direzione o in un'altra?

«Qual è lui?» La sua mente illimitata batteva sempre sullo stesso tasto.

In realtà le tre categorie erano due, avrei voluto dirle.

«C'è ancora tempo» mentii. Con il suo trauma perinatale e la storia del suo attaccamento infantile avrebbe probabilmente avuto sempre problemi. Probabilmente, ma non sicuramente. «Non l'ho mai visto, signora Milner.»

«È vero.»

«Dovrei andare.»

«Curioso che non sia mai voluto venire, con tutta la psichiatria e terapia e riabilitazione che ha avuto, oltre a AA e NA e CA e SLAA e non so quali altre A... Solo che non lo conoscono come Ben: per loro è "Junction Box", una scatola di giunzione.»

«Insieme»: un dittico, con me dentro, ma fuori campo. Insieme, ma non ancora per molto. Milner se n'era andato di casa qualche settimana dopo, portando con sé il figlio maggiore, cosa non buona per nessuno dei due. Insieme, ma non ancora per molto: mancavano sette minuti allo scadere dell'ora, e io aspettavo ancora di sapere che cosa li aveva davvero spinti fin qui questa volta.

Non ho dovuto aspettare a lungo. L'urlo l'aveva liberata, un treno in fuga, mentre descriveva come il marito avesse sbadatamente montato una sezione di rotaie su una grande tavola di legno adagiata sul pavimento della camera da letto del figlio, spiegandogli in poche parole che la locomotiva non si sarebbe mossa finché il circuito non fosse stato completo. Poi se n'era andato. Lei sottolineò con profondo e sarcastico piacere che il veicolo, una bella copia blu del treno a vapore Mallard, non era mai uscito dalla scatola. Il figlio aveva configurato le rotaie nel modo più elementare e scialbo. Il passaggio a livello con il semaforo funzionante non era mai comparso sul palcoscenico di compensato, e neppure la realistica collinetta nella brughiera, con tanto di galleria. Amputati, ferrovieri e abitanti del villaggio erano sparpagliati su tutto il pavimento, come se avessero calpestato una mina o avessero alzato troppo il gomito: un sindaco decapitato cavalcava un maiale, una Barbie (che era stata raccomandata dal fidanzato psicologo per promuovere il lato femminile del figlio. Ah!) era a gambe spalancate sulle rotaie come una porno star. Un ludoterapeuta avrebbe fatto una crocetta su ogni voce del test di valutazione del rischio.

Ma questi erano specchietti per le allodole: a quanto pare, la sua immaginazione era altrove.

Lei raccontò che, appena tornava da scuola, Ben afferrava confezioni famiglia di biscotti al cioccolato e patatine e andava dritto in camera sua. Adesso sulla porta c'era un adesivo: «Zona denuclearizzata: non entrare!». (Lo psicologo le aveva anche consigliato di concedergli qualche limitato «tempo da solo» nella sua stanza per promuoverne la capacità di stare per conto proprio. Ah, di nuovo! Dove saremmo senza la psicologia professionale?) Ben aveva rifiutato l'offerta di far venire a giocare gli amici con le locomotive. Per qualche giorno il signor Milner, tornando dal lavoro, vedeva il figlio più piccolo che guardava tranquillo i cartoni alla televisione e rivolgeva alla moglie un lievissimo cenno di soddisfazione.

Come succede spesso, la ricerca cominciò per caso. Ben stava trafficando con le rotaie quando una piccola scossa gli solleticò il braccio. La scatola di giunzione aveva un quadrante che controllava la velocità del treno: più la lancetta saliva, più aumentava la scossa. Lui vi infilò tutte le dita una dopo l'altra, facendo accuratamente le prove e osservando le diverse caratteristiche.

Alla ricerca del correlativo fisico di un disturbo emotivo?

C'era sempre un punto in cui il piacere e il dolore erano in perfetto equilibrio, ma era momentaneo e diverso per ciascun dito. Cambiava, se prima bagnava le dita con la saliva e se si metteva i calzini acquatici.

Creava un ambiente sensorio affidabile come sostituto della madre-come-ambiente?

Così tante variabili, il punto di equilibrio in continuo movimento, come le sottili differenze fra quanto ci impiega la sensazione a percorrere il braccio. E dopo, dove va? Sembrerebbe diretta al cuore.

Potrebbe compromettere future relazioni intime?

La cosa più importante: essere il più sistematico possibile. Sistematico e risoluto, come un tossicologo ottocentesco che compie esperimenti sul proprio corpo. L'avesse saputo, il padre scienziato sarebbe stato molto orgoglioso.

Il suo progetto lo conduce intuitivamente alle dimensioni più intime dell'esperienza sensoriale, a stendere il suo enorme corpo seminudo sulle rotaie, come Gulliver, o come una delle eroine sfatte e gigantesche che popolano le comiche di Harold Lloyd trasmesse prima del notiziario.

Nomi... nomi cambiati... Non trovava mai il nome che andasse bene... E così Junction Box se lo crea da sé, imponendosi ai ge-

nitori assenti in modi intensamente immaginati. Prende il loro dono morto, l'arma che usavano l'uno contro l'altro e lo fa proprio: qualcosa di evocativo, erotico, pericoloso, scioccante, a tal punto che diventa il suo vero nome.

Quest'ultima osservazione l'avrei effettuata sul treno mentre tornavo a casa da Leeds. Nonostante i diversi tentativi di interpretarne il comportamento, fino ad allora non avevo capito veramente il progetto del ragazzo. Nel corso degli anni la mia familiarità con il dolore si è fatta più profonda e ho scoperto su me stesso che, in coloro che hanno una soglia del dolore elevata, può verificarsi un rovesciamento improvviso e controintuitivo di carica, così che il dolore viene sperimentato come piacere.

«Credo sia stata la prima volta che ha veramente sentito se stesso». Lei fa una pausa. «Gli stavo preparando il tè. I pancake Findus erano ancora semicongelati nel forno. C'era odore di bruciato. Sentii gridare il più piccolo. La prima cosa che pensai fu: "Questa volta l'ha ammazzato". Onestamente, anche in quel momento, prima di sapere che cosa stesse succedendo, una parte di me si sentì sollevata che fosse successo qualcosa: quell'idea del treno era una stronzata. Trovai James in fondo alle scale: urlava che gli andavano a fuoco i capelli. Ma i capelli non avevano niente, niente.»

Si può fare esperienza del dolore empaticamente, attraverso la sola osservazione, oltre che attraverso stimoli diretti, fisici o emotivi: tutte e tre le circostanze producono un'attività nelle stesse strutture cerebrali.

«E poi lo vedo, in cima alle scale, con i calzoncini della scuola intorno alle caviglie, che ride e piange allo stesso tempo... Nelle mani a forma di coppa regge il suo coso e dice: "Scusami mamma, scusami".»

E mentre lei piange sommessa nel fazzoletto di carta che le ho allungato, io mi giro verso il padre, che è sprofondato ancora di più nella sua giacca di montone, come se fosse stato inghiottito, sempre con un sorriso inespressivo diretto a me, e penso a quanto assomiglia al padre in *Quella fantastica pazza ferrovia* – capelli neri, barba, occhi azzurri – quello che se ne va, vittima di ingiustizie, imprigionato, che se ne va, ma poi ritorna.

Lucy

«Può alzare la mano sinistra?»
«La mano sinistra?»
«Sì, la alzi per favore.»
Questa volta lo fa nel modo giusto: in totale, due volte su tre.
«Ha avuto difficoltà a guidare?»
«No, non so... Dovrei?»
«Mi faccia vedere come userebbe un paio di forbici.»
«Forbici per che cosa?»
«Per tagliare i capelli.»
«Vado dalla parrucchiera.»
«Per tagliare qualsiasi cosa.»
«Vuol dire così?» Taglia l'aria con l'indice e il medio. «È questo che vuole?»
Non è quello che voglio: è come vengono simboleggiate le forbici, non come si usano. Lo annoto mentalmente, scriverlo la preoccuperebbe ancora di più.
«Agiti la mano, per favore.»
«Come?»
«Per dire addio a qualcuno.»
Esitando, alza la mano e la muove come se stesse provando un nuovo arto ortopedico.
«Così?... O questo è il "Ciao"?»

Aveva l'Alzheimer o la demenza vascolare o la degenerazione corticobasale, oppure niente. Si chiamava come mia madre, aveva più o meno la sua stessa età, indossava un vestito a fiori che avrebbe potuto mettersi lei. L'aspettava una lunga giornata. Dopo di me, ci sarebbe stato il prelievo del sangue, il tampone spinale, l'imaging a risonanza magnetica (MRI), l'elettroencefalogramma e infine lo specialista di neurologia che, in un modo o nell'altro, avrebbe tratto le conclusioni.

Non se la stava cavando bene, e lo sapeva. Le rughe sul suo volto stanco e invecchiato si ammassavano come nuvole prima di un temporale. Sudava, in una mattina di novembre in un ambulatorio d'ospedale così freddo che io vedevo il respiro condensarsi. C'erano gocce di perspirazione persino sui lobi delle orecchie, sottili e raggrinziti. La sua descrizione di sé era confusa. O aveva scambiato per sua la casa di una vicina oppure le annaffiava le piante semplicemente per farle un favore. Aveva allagato la cucina per rispondere a una chiamata promozionale mentre faceva il bucato oppure era la lavatrice che non funzionava bene. Aveva impiegato un quarto d'ora per ritrovare la strada dopo essere andata alla toilette. C'era già andata due volte in meno di un'ora. C'era acqua dappertutto: i suoi racconti gocciolavano, sudavano, allagavano, non c'erano argini. Assomigliava e non assomigliava a mia madre.

I nomi le si appiccicavano alla lingua come burro di noccioline. *Whisk*, «frullino», diventava *whick*, «stoppino», poi *witch*, «strega», e infine *whipper*, «montapanna». Non ricordava il nome di chi era stato primo ministro prima di Cameron.

«È Blair...?» (Cercava di leggere qualche indizio sulla mia faccia). «Non è Blair... È quello musone con le guant... come si dice? Non lo so, sono uno peggio dell'altro.»

Molte delle nostre facoltà diminuiscono con gli anni: detto in altre parole, il cervello sano si atrofizza. L'ultima volta che sono stato dai miei, mi ha colpito quanto spesso mia madre diceva «quel coso» e «quell'aggeggio». Forse è solo invecchiare. Forse. Eravamo un po' più vicini da qualche anno, ma la cosa sarebbe sempre rimasta fragile.

«Oh, per amor di Dio, Lucy. Su, avanti! Lui era così facile *da dimenticare...*»

Mentre la sua versione di quello che le succedeva passava dalla catastrofe alla negazione in una stessa frase, la mia mente continuava a ritornare sul sentimento della familiarità. Una madre e un figlio, ognuno specchio della confusione dell'altro. Lei parlava del mondo da cui veniva. Negli ultimi diciotto mesi aveva concluso una lunga carriera passata ad aiutare gli altri, poi aveva improvvisamente perso il marito, con cui era sposata da quarantatré anni, per un cancro al pancreas, era stata costretta a rinunciare al progetto (pianificato per quindici anni, compresi i corsi di spagnolo e due anni di ricerche) di dedicarsi ai bambini indigeni in Bolivia dopo la pensione. I figli se n'erano andati da tempo da Londra in cerca di alloggi più abbordabili. La maggior parte degli amici era inferma o morta. Di recente le avevano diagnosticato il diabete di tipo 2, che si sommava all'intestino irritabile, ai dolori cronici, al fuoco di sant'Antonio e a una minore mobilità dovuta a un'anca mal ridotta. In quegli occhi acquosi, ora tremanti di paura, si intravedevano ancora i baci per tutto quello che aveva amato. Con onestà disarmante raccontò che, nonostante le gioie frequenti, la sua vita era stata una continua lotta contro la depressione. Niente, però, l'aveva preparata agli assalti degli ultimi mesi, mentre era in attesa del suo appuntamento «urgente» come paziente esterna: insonnia, attacchi di panico, inappetenza, agorafobia. Tutto questo in una donna che progettava di dedicarsi alla speleologia e di girare in Vespa per la zona 3 di Londra dopo la pensione.

Tutti fattori da non ignorare. Dal punto di vista diagnostico non si poteva escludere che la preoccupassero al punto tale che la causa dei suoi sintomi fosse una distraibilità profonda. A questo si aggiunga, diceva lei, che le vie neurali del suo cervello erano da tempo logorate da un clima emotivo negativo e *questo* non poteva non agire sul suo pensiero. Ma il fatto che la sua vita fosse andata in frantumi e il suo cervello ne fosse in qualche modo lo specchio, non la proteggeva da un'altra maledizione, sotto forma di Alzheimer o di qualche altra malattia: anzi, non era escluso che l'avesse predisposta.

Cariche di dolore quanto di anni: Lucy e mia madre.

«È uno sss... ssst... si usa per auscultare» dico indicando lo stetoscopio.

«Stot... ste... no, non ci riesco. Posso dirle una cosa?»

«La prego.» In realtà non sono davvero lì: guardo fuori della finestra, un filo sottile di fumo sale dal camino dell'inceneritore e penso a mia madre, che di recente ha cambiato idea e ha chiesto di essere cremata.

«Ho sempre desiderato essere una francese... no... ho sempre desiderato... mmm... eh... francese...»

È confusa. E io sono distratto. Le macchie di sudore le bagnano lentamente il vestito, una mappa vivente di continenti alla deriva, un annegamento al rallentatore.

Io ero un componente di quello che accadeva, un ingrediente attivo. La letteratura spiega che se il dottore si distacca in un momento critico, mentre il paziente si racconta, il suo discorso può diventare disfluente o confuso dal punto di vista semantico. E dunque sono io o è lei la causa della confusione? Forse è il fatto che la sua particolare condizione includeva un'afasia primaria progressiva, una variante dell'Alzheimer che inizia con un disturbo del linguaggio, così come le esitazioni e gli errori potevano essere soltanto l'effetto della nostra interazione, grumi nel sangue che ci connette. Non esiste visione esterna, non esiste alcuna possibile prospettiva di una terza persona che non sia «me» o «te», due che procedono incerti, per impressioni.

Lei dovrebbe essere visitata da qualcun altro, non da me. Concentrati, mi dico: contatto oculare, pause meditative, pazienza, incoraggiamento, rispecchiamento, rassicurazione, tono gentile, tranquillizzare senza sviare; rituali, come il puja per un dio, come l'amore, sì, l'amore, che possa in qualche modo garantire quello che passa fra di noi.

«Alasdair... Ci sei?»

Soltanto mia madre mi chiama Alasdair. «Sì. La prego, sia paziente» le dico.

Più tardi, alla fine del mio turno in clinica, mentre scendevo verso la grande piscina all'aperto, il sole proiettava la mia ombra sul fondo. Guardavo la mia silhouette avanzare a lunghi passi, per godermi un po' più a lungo l'acqua, andare un po' più veloce. Per afferrare me stesso? Per fuggire? Che senso aveva tutto quello sforzo, quando la mia vera capacità di competere come nuotatore era ormai alle spalle da anni? Un metro sott'acqua la mia mente è un vuoto oscuro, informe, impossibile da leggere. A volte quando arrivo al momento della diagnosi ho la sensazione che succeda senza di me. Ho smesso di udire, ho smesso di essere udito, una ritirata senza ritorno. Qualsiasi cosa lei o chiunque altro possa dire per cercare di modificare l'esito, le «decisioni», se così si possono chiamare – gli strati che le formano possono essere talmente sottili e fragili da essere quasi inconsistenti – sono state prese.

Tornato in ufficio, con il dittafono a pochi centimetri dalla bocca, esitavo ancora. Il vestito era proprio come il suo. Elementi del suo comportamento erano borderline, ben al di sotto dei livelli attesi. Mia madre è troppo magra. Il discorso sempre più povero. Senza una diagnosi, si potrebbero sprecare mesi preziosi prima di prendere un ritardante neurodegenerativo. Ero incerto. Niente di strano se dopo anni di immersione in traumi terribili e malattie terminali, io fossi passato al polo opposto, fossi diventato troppo veloce nel normalizzare i sintomi patologici, specialmente quando c'erano di mezzo amici e familiari.

Premetti il pulsante e ruppi il silenzio: «Caro dottor R., grazie per avermi mandato questa signora sessantanovenne, destrorsa, ben vestita, amabile anche se ansiosa...»

Nove mesi dopo, a parte il nome, qualsiasi somiglianza con lei era scomparsa. Mia madre era rimasta più o meno la stessa e per il momento sembrava del tutto in sé. Questa Lucy invece era in caduta libera: il volto aveva perso tono, i capelli si erano diradati, l'andatura era dondolante come se avesse avuto dieci anni di più, i bottoni della giacca erano allacciati male.

Era stata presa una decisione.

Nel pomeriggio del giorno stesso in cui l'avevo valutata la prima volta, il neuroimaging aveva trovato una «ipoperfusione nei poli frontali», vale a dire un afflusso ridotto di sangue in quella parte del cervello, un possibile biomarcatore di un mutamento degenerativo. Benché il radiologo ritenesse la prova non conclusiva, il neurologo, il dottor R., era di diverso parere. Aveva letto la mia relazione molto cauta – avevo raccomandato di rivederla dopo un anno – e lui, da solo, aveva ritenuto i dati sufficienti per suggerire una diagnosi di demenza precoce. Aveva condiviso con lei i suoi pensieri: «Le notizie non sono buone, purtroppo...».

Immagino le abbia spiegato il meccanismo basilare della malattia, i sintomi, la prognosi, le opzioni terapeutiche limitate. È probabile che sia intervenuta anche l'infermiera specializzata in demenza e le abbia esposto il tipo di sostegno disponibile, le compensazioni, i cambiamenti dietetici e così via. Gli amici a casa le avevano probabilmente già raccontato le loro storie: quella del sessantenne che stava due porte più in là («È stata tutta colpa del pensionamento»); quella di una donna del corso di ginnastica («Gli occhi le sono diventati acquosi, privi di espressione, vuoti, dalla sera alla mattina»). Storie approssimative, con contenuti e ritmi presi tali quali dal «Daily Mail», dagli show di Jeremy Kyle oppure buttati là nei forum online. È così che nasce in un istante una storia nuova: nasce ed è già completa.

Nove mesi dopo, la carica d'ansia del nostro primo incontro si era ispessita. Acqua diventata pietra. La nuova valutazione indicava un calo significativo nei domini del linguaggio e della memoria, in linea con la nuova diagnosi.

Quando poi, quella stessa mattina, fu sottoposta al neuroimaging, la ipoperfusione non c'era più. Nella riunione del pomeriggio, lo stesso neurologo dell'altra volta spiegò che l'esito della MRI originaria era stato probabilmente causato da un fenomeno passeggero, forse la depressione reattiva. Sofferenza, si potrebbe chiamarla. Lei non era affetta da demenza. Non ora, non allora. Era stato compiuto un grosso errore. È raro, molto raro, ma capita. Nel suo caso, quello della MRI era stato un fuoco fatuo. Di fronte alla bellezza di quelle immagini così simili al cervello, con i loro dettagli lucenti ed emulsionati, può essere difficile ricordare che quelle raffigurazioni non sono il cervello vero e proprio, ma un'analogia scritta nel linguaggio della fisica nucleare, ambivalente, costellata di artefatti, esoterica quanto la cabala, leggibile e, perciò, anche fraintendibile. Forse quel giorno il neurologo era distratto, preoccupato per la *sua* mamma, la *sua* amante, il mutuo della *sua* seconda casa. A differenza di alcuni suoi colleghi, io l'ho sempre considerato onesto, benintenzionato, affidabile. Immagino si sia scusato sinceramente e se la sia presa con se stesso per più di un minuto. Nel quarto d'ora riservato a lei le avrà sicuramente spiegato che i suoi sintomi linguistici e mnemonici erano una miscela del «sentirsi un po' giù» e poi «ritornare un po' su» e quindi l'avrà congedata. Lei sarà tornata a casa dagli stessi amici e vicini, che avrebbero trovato la conferma di quello che avevano sempre saputo: «Tutti così, quei fottuti dottori».

Sei mesi dopo, in seguito a una lettera adirata del suo medico curante, lei è di nuovo nel mio studio a parlare di un ulteriore deterioramento e di significativi segni funzionali di demenza, da moderata a grave. O è piuttosto la sua vicina – l'unica persona che non è andata alla deriva in questi ultimi mesi – mentre Lucy sembra avvitata sulla sedia, un manichino inorridito, con le labbra che si muovono senza che ne esca un suono, le lacrime che scorrono giù per le guance, incapace di formulare le prime lettere di qualsiasi parola. Ogni muscolo, ogni tendine intorno al suo minuscolo scheletro è visibile e dolorosamente contratto, come se l'avessero fustigata. Lo scalpo, che spunta dai capelli sottili e cadenti, è corrugato e coperto da una crosta giallastra, la pelle sul collo è piena di vesciche, i denti sono di un grigio orrendo. Indossa un cappotto nuovo di zecca, con l'etichetta ancora attaccata, sopra un vestito macchiato di feci. La decisione è stata presa più di un anno fa dagli esperti. Allora, quella decisione collimava con l'esperienza che lei aveva di sé, in un modo che loro non avrebbero mai potuto immaginare. Adesso *lei* ha immaginato con più compiutezza, vi è cresciuta dentro al punto che non può più tornare indietro: la sua Elettra, la sua Ofelia, una donna che per tutta la vita si era accontentata di stare dietro le quinte. Per quanti tentativi si facciano per evocare un'altra possibilità – la salute – non c'è più spazio: il pubblico si è impadronito del teatro, la realtà trasformata in un fantasma o in un'ombra.

Lucy viene mandata in psichiatria.

Questo filone di disinformazione, la cosiddetta «diagnostica predittiva», mi riguarda personalmente. Fra i ventisei e i ventisette anni ho consultato uno psichiatra di mezza età, che mi era stato raccomandato da un amico. Benché oggi tenda a minimizzare, allora ero terrorizzato. Una fragilità, le cui radici affondavano nella prima infanzia, si era risvegliata dopo una serie di normali delusioni: la fine della mia prima relazione importante, il lento fallimento di una carriera in campo artistico, la sensazione incipiente, comune a quell'età, che, volente o nolente, è arrivato il momento di prendere una decisione. Di settimana in settimana, mentre il magnetismo potente del crollo attirava paure altrimenti non connesse fra loro, la sensazione si acuiva e mi fu chiaro che non possedevo la rete di protezione delle persone psicologicamente forti, il paracadute che presumevo facesse parte del mio retaggio, del mio essere bianco, istruito, borghese (il benessere non era forse scritto a caratteri piccoli nel contratto?). Poi, nel 1999, di sera tardi, apparentemente una sera qualsiasi, ho dovuto strappar via a forza me stesso dal binario della stazione di Tottenham Court Road, scortarmi su per la scala mobile e trascinarmi carponi fino a casa, tanto era forte in me l'idea che potessi saltare giù. Quello che ricordo, della valutazione, è la sensazione che, nella mia sofferenza e nel mio smarrimento ero indifeso, incurante, con un bisogno disperato di essere ascoltato e di sentire che i miei sentimenti erano presi sul serio, con coscienza e convinzione. Lo psichiatra, pur avendo, naturalmente, poco tempo, fu piuttosto gentile: *sembrava* mi credesse. Ogni tanto con la penna tracciava una crocetta decisa su un foglio, mentre io cercavo di immaginare la conferma di che cosa fosse quel segno. Poi era finita.

Qualche giorno dopo, alla visita di controllo, il mio medico curante mi disse che rispondevo ai criteri di un grave disturbo psichiatrico: erano stati segnalati sentimenti disorganizzati, opachi, difficili, il che, detto in parole povere, significava che lo psichiatra mi aveva creduto e capito, ma a modo suo, come se capire fosse qualcosa che viene fatto a te e senza di te. Mi prescrisse un cocktail di farmaci che avrei dovuto prendere a tempo indeterminato. Non ho mai portato quella ricetta in farmacia. Non ho più rivisto lo psichiatra, ma da allora, per anni, ho dovuto faticare non poco per non interpretare, alla luce delle sue spiegazioni, gli stati d'animo negativi o i pensieri incontrollati. E mi capita ancora adesso in qualche giornata storta. La sua etichetta, pur così sbagliata, mi ha perseguitato, piegando ai suoi voleri umori e comportamenti altrimenti innocui. E l'energia malvagia e autoavverante della «maladiagnosi» possiede un'ulteriore dimensione: immaginavo che anche gli altri mi vedessero allo stesso modo. Tic, tic, tic. A volte mi ci voleva una resistenza enorme per tenere a bada il nome che lui mi aveva appiccicato, e questo non è senza costi e distorsioni. Quell'esperienza è una delle ragioni per cui faccio il mestiere che faccio. E non è mai molto lontana, la tentazione di fare il salto, di accettare quella diagnosi, di far buon viso a cattiva sorte, come in un matrimonio combinato, fino a dimenticare con il tempo che non sei stato tu a scegliere ma sei stato scelto, fino a cercare addirittura di esserne all'altezza, perché tutto sommato c'erano anche dei vantaggi.

Io, Lucy, mia madre.

La «maladiagnosi» si situa verso l'estremità di uno spettro che comprende lapsus, esagerazioni, distorsioni più o meno consapevoli, verità parziali, pregiudizi, menzogne plateali. Ho organizzato un piccolo gruppo di ricerca clinica per indagare sui parametri della disinformazione deliberata, per controllare con quale facilità possa impadronirsi del cuore e della mente non solo delle persone ovviamente fragili e malate ma anche di quelle normali e, soprattutto, se la sua forza possa bastare per trasformare un niente in qualcosa di diagnosticabile.

Nel primo studio abbiamo preso un gruppo di volontari sani, per lo più studenti, ai quali abbiamo chiesto di autovalutarsi in base a un elenco di sintomi di potenziali difficoltà cognitive ed emotive. I volontari hanno poi eseguito alcuni semplici esercizi di memoria e attenzione, con strumenti piuttosto comuni nella neuropsicologia diagnostica. Quindi sono entrati nella stanza per i test clinici, in cui uno psicologo dall'aspetto maturo, con una buona capacità attoriale – denti bianchi, abito costoso, voce profonda e ferma – li ha intervistati sui sintomi che avevano indicato. A loro insaputa, il punteggio di diversi sintomi era stato cambiato in base a un modello prestabilito. Così, per esempio, la voce «nessun problema mnemonico riferito» diventava «qualche problema mnemonico», «lieve» ansia diventava «moderata» e così via. Su questa base, il finto medico li interrogava dettagliatamente su problemi ai quali essi non avevano accennato.

Molte volte le persone esprimono credenze e preferenze, e accettano definizioni di sé senza veramente capire di che cosa si tratti. Questo però rende possibile la manipolazione, anche quando quelle credenze e preferenze riguardano gli aspetti più intimi di ognuno di noi. Il nostro senso più profondo di ciò che siamo può essere un punto cieco che altri possono riempire, senza che ce ne accorgiamo. Se durante il colloquio, come è accaduto nella nostra ricerca, all'improvviso un paziente dice di non avere indicato i problemi di memoria, allora non soffre di «cecità al cambiamento». Se invece protesta e afferma di «non avere nessun problema», questo significa contraddire l'autorità del medico, un potere che ha attraversato i millenni e infinite culture, e che ora è tutto concentrato nello sguardo assolutamente convinto di quel mimo dal fascino diabolico. E significa anche superare il senso latente, sempre presente in tutti a livello più o meno profondo, che in noi ci sia qualcosa che non va.

Quasi il 90 per cento dei partecipanti alla nostra ricerca risultò «cieco al cambiamento» e diede l'impressione di accettare le informazioni sbagliate su se stesso.

Proseguendo nella finzione, il nostro presunto medico incoraggia il «paziente» a essere più preciso: «Dunque, qui lei dice di avere difficoltà di memoria. Le dispiacerebbe farmi qualche esempio?»

Chiunque, volendo, riesce a trovare qualche episodio recente di amnesia.

«Ah, vedo, lei ha dimenticato *tutta* la spesa e si è accorta dell'errore soltanto venti minuti dopo, *venti*...?»

Incredulità implicita, insaporita con un pizzico di preoccupazione patologizzante. «... Sì, direi che è un pochino preoccupante» mentre con la sua elegante stilografica traccia una crocetta sul foglio.

Le domande proseguono sulla stessa linea, finché non trovano quello che cercano. La «paziente» assiste, impotente, al forgiarsi di una mente davanti ai suoi occhi.

«E con quale frequenza succedono queste cose? Cerchi di essere più precisa che può, è molto importante. Ah, ah, vedo... E se n'è accorto qualcuno? Il suo fidanzato? La famiglia? Sì? E gli amici? Ah, ah. Vedo.»

Vede, lui, il grande indovino, l'oracolo. La «paziente» è spinta a poco a poco, con crescente paura, a raccontare una storia che ritiene congrua rispetto alle aspettative del medico, l'esperto, anche quando quella storia non le appartiene.

Dopo il colloquio, i volontari hanno compilato una versione diversa da quella effettuata prima dei test di attenzione e memoria. Questa volta, nelle domande più sensibili i risultati sono stati decisamente peggiori. Benché piccoli, i cambiamenti introdotti erano sufficienti a rispondere ai criteri diagnostici per una condizione neurodegenerativa ai primi stadi. (Successivamente gli studenti sono stati sottoposti a un debriefing emotivo da parte di un esperto.) La nostra conclusione è stata che l'esito negativo è connesso con la cecità al cambiamento, rinforzata da false credenze nei domini cognitivi interessati. In altre parole, poste le condizioni giuste, è sufficiente un incoraggiamento blando perché quasi tutti ci comportiamo come se avessimo smarrito il contenuto fondamentale della nostra mente. I risultati della nostra ricerca sono provvisori, il campione piccolo e polarizzato, ma se non altro mettono in evidenza diversi aspetti potenzialmente soggettivi, o meglio intersoggettivi, del processo diagnostico.

Gli errori esistono, sono inevitabili. Poi ci sono le persone che compiono gli errori, il modo in cui li compiono, con quale convinzione: quanto è importante per loro, e per quel che sono, essere nel giusto. Non si tratta semplicemente di una pillola, il dottore stesso è un placebo, o il suo opposto, come in questo caso. Poi ci sono le differenze individuali tra le vittime dell'errore. Le loro fragilità, suggestionabilità, nevrosi: quanto conta, per ciò che sono, stare bene o stare male. E, al di sopra di tutto questo, anche se spesso scarsamente visibile, c'è la teatralità della scienza medica: pareti come ossa sbiancate, camici azzurri, cartelli con su scritto «Medicina nucleare», il martelletto per i riflessi, l'odore stantio di sudore nei corridoi. Un assortimento di vari materiali di scena, che in qualche modo si aggregano con sorprendente forza culturale: lo sfondo senza il quale il medico, il paziente e la loro storia d'amore non sarebbero leggibili.

Era come se lei fosse stata legata alla sedia del paziente, ma non c'erano altre corde se non la sua convinzione. Lei era il *fastforward* di quello che sarebbe potuto accadere a mia madre, ma non è accaduto. E non era accaduto neanche a lei. Ci identifichiamo con i sintomi, anche quando non ci sono. Il sipario cala al momento della diagnosi, e la lascia congelata nella parte di quell'orrenda gorgone. Ma il genio nella bottiglia era tutto suo: come una fotografia scattata mentre una bomba esplode, non rappresentabile da nessuno tranne che da colei che l'ha fatta esplodere. Aveva l'aspetto di una che annegava dentro se stessa: un corpo lanciato in mare dalla sua stessa mano, che colava a picco come una pietra.

Nel cuore desolato dell'inverno, venti gelidi emettevano lamenti; la terra era dura come il ferro, l'acqua come pietra: il canto di Natale preferito di mia madre.

Una diagnosi non è il capolinea, anche se può diventarlo per un atto di volontà. La conversazione continua molto tempo dopo che ce ne siamo andati dallo studio medico, un milione di nuove sinapsi in una narrazione in cui possono di nuovo radicarsi verità o falsità provvisorie. A noi viene chiesto di trovare modi per difenderci dalla certezza e insieme dall'incertezza, e di sapere che persino gli aspetti più importanti e più consapevoli delle nostre decisioni sono al di là di noi, forse sbagliati, come fossero presi da un'ombra che ci ha superati a nostra insaputa.

Michael

I due erano andati a Chamonix per una settimana. Era la prima volta, a quanto ricordavano, che erano in vacanza senza tutti gli altri. Michael si sentiva più forte che mai. Ogni giorno, per andare al lavoro, percorreva quasi venti chilometri in bicicletta, non con un'andatura normale, ma con una serie di sprint anaerobici tra un semaforo e l'altro: piegato sul manubrio, filava a tutta velocità in mezzo a una folla sempre più fitta di pendolari-ciclisti con furiose facce da squalo sulle loro biciclette da cinque chili. All'ora di pranzo nuotava ogni volta che poteva – cosa che accadeva sempre più di frequente –, faceva flessioni nell'ascensore se non c'era troppa gente e partecipava alle videoconferenze mettendosi nella posizione di plank. L'anno prima era riuscito a farsi quasi quattro mesi di ferie per seguire un amico – un ex gurkha, senza una gamba, amputata per colpa di una mina – che ripercorreva la fuga di un prigioniero di guerra dalla Siberia a Darjeeling.

A metà settimana ci sarebbe stato il compleanno di Luke. Come regalo, Michael gli aveva comprato una tuta da volo: una Rebel Freebird per il base jumping avanzato, per celebrare quel momento unico in tutta la vita, quando un figlio compie metà degli anni del padre. Era naturale che gareggiassero.

Così: una Fenice rosso-sangue, ogni arto una fiamma, contro uno Scoiattolo volante verde lime la cui coda (sorpresa, sorpresa) traccerà «Buon compleanno» quando sarà in volo. Lo stesso Michael, che dell'ostentazione faceva la sua firma, ammetteva che erano un po' ridicoli con le loro tute alari di nylon, appollaiati su una cengia sferzata dal vento sotto l'Aiguille du Midi, tremila metri sopra la valle, con diversi ostacoli letali da superare perché la discesa non fosse noiosa, in attesa del momento perfetto. L'uccello di fuoco era più alto di mezza spanna e più pesante di parecchi chili del roditore, e aveva trascorso buona parte dell'anno precedente saltando giù dalle Montagne Rocciose del Colorado, anche fra i crepacci, che facevano venire la strizza persino a Michael. Il suo istinto era tale che, quando arrivò il momento, si era già lanciato. Nel tempo che i riflessi meno giovani dello Scoiattolo ci misero a reagire, alla calma subentrò un vento contrario, mentre la Fenice era già un lontano puntino fiammeggiante, che volava a duecentoquaranta chilometri all'ora.

Michael non ha nessun ricordo, né del panorama né di qualsiasi altra cosa accaduta nel mese prima dell'incidente: a differenza del figlio, era contrario a indossare la minicamera. Il mondo per lui si divideva in due gruppi che si escludevano a vicenda: quelli che fotografano e i protagonisti delle fotografie. Perciò non esiste una scatola nera, umana o elettronica, che permetta di rivedere la «decisione» da lui presa di dirigersi verso il casello dell'autostrada. Secondo i testimoni, Michael aveva tentato disperatamente di aprire il paracadute, poi aveva deviato verso un camion parcheggiato in una piazzola – sembrava «magnetico» nella sua forza di attrazione – vicino a un cartello che dava il benvenuto nelle Alpi agli automobilisti, in francese, inglese e tedesco, ogni lettera alta trenta centimetri. A circa quaranta chilometri all'ora tranciò con la testa lo specchietto laterale («Un bel benvenuto!»). Benché indossasse il casco, l'impatto gli strappò via la sommità del cranio insieme a trentadue centimetri cubi di cervello nella regione frontale sinistra. Quando Luke, che era atterrato a mezzo miglio di distanza nell'area prevista, si accorse che il padre non c'era, una giovane veterinaria francese era già scesa dalla sua auto e stava facendo il possibile per fermare il sangue dello Scoiattolo con le piume della sua giacca Marmot, mentre il fidanzato chiamava l'ambulanza («Ero lo scoiattolo verde più grosso che avesse mai avuto in cura»).

A quel tempo Michael aveva cinquantotto anni, ma nelle fotografie ne dimostrava quindici di meno: folti capelli neri lunghi fino alle spalle, occhi azzurro chiaro e il fisico di un mezzofondista, solo che la corsa lo annoiava, a meno che non si trattasse di correre dietro a qualcosa. Un vecchio amico dei tempi dell'università aveva fotografato il gruppo di ex studenti nel suo cinquantacinquesimo compleanno davanti a Bruern, la casa di famiglia di Michael nel Peak District. Sto guardando quella fotografia proprio ora, nell'album con le immagini più rilevanti che la moglie Catherine ha raccolto per me. Accanto c'è un'altra foto, quella della festa di laurea: lo stesso gruppo di persone trent'anni prima, pochi assenti, qualche aggiunta. Per uno strano rovesciamento, mi ci vuole più del normale per associare ognuno alla sua immagine più giovane. Per la prima volta nella storia umana, noi, le classi superinformate sulla salute, siamo in genere più in forma a cinquant'anni di quanto fossimo a venticinque. Nonostante i capelli grigi, la calvizie, l'inesorabile passaggio ai pantaloni color cachi, non è facile associare questi uomini azzimati, ben curati, alla moda, al loro io più giovane, smorto, flaccido, sigaretta in bocca: il nostro cervello si aspetta il cambiamento, ma nella direzione opposta. Michael, però, era sempre uguale: capelli ancora inverosimilmente neri, volto senza una ruga, in qualche modo in azione, anche mentre se ne stava immobile con in mano il suo bicchiere di single malt: non una libbra di peso in più, come un Michael J. Fox allungabile, con gli stessi jeans di *Ritorno al futuro* e la maglietta bianca. L'unica differenza è il Rolex. Se gli altri recitavano una parte, ispirata dalla paura della morte mascherata da «salute» e non portata a livello consapevole, o da paure anche peggiori, all'apparenza Michael non aveva mai avuto questa paura e non avrebbe saputo dire cos'era la salute, così come un'anatra non sa dire cos'è l'acqua.

Fu trasportato al più vicino centro di neuroscienze a Grenoble. Il chirurgo di turno, in un intervento durato quasi sette ore, gli praticò una craniectomia decompressiva di emergenza recidendo una parte della scatola cranica per offrire al cervello danneggiato lo spazio per gonfiarsi. Michael fu intubato e tenuto in coma farmacologico per cinque settimane. Catherine lo raggiunse la mattina seguente. Io e lei abbiamo rivissuto quelle prime ore infinite volte. Michael finora non ha mostrato nessun interesse né per l'incidente, né per le sue conseguenze – a parte raccontarlo come un aneddoto agli amici al White Bar –, ma forse non è in grado di farlo e tanto meno di fingere di farlo. Il trauma apparteneva già alla sola Catherine. La «notte uno» fu la prima che lei andò a letto senza un messaggio del marito. Lui le parlava quotidianamente con il cellulare anche dalla Siberia. L'inizio di una separazione che si sarebbe soltanto approfondita.

Quando fu infine svegliato e fu in grado di respirare spontaneamente, fu trasferito nel reparto di terapia intensiva. Gran parte dei pazienti appartenevano a un'altra generazione e soffrivano di complicazioni mediche secondarie dovute a malattie neurodegenerative. Michael rimase in amnesia postraumatica per settimane – incapace di immagazzinare nuovi ricordi, anche i più elementari –, una serrata neurochimica della corteccia programmata per facilitare la riparazione d'emergenza. Era disprassico, anomico e perseverativo. Spalmava, mi raccontò

Catherine, il dentifricio e qualsiasi altra cosa sulle sopracciglia (disprassia), chiamava «trota» la televisione e l'infermiera (anomia) fino al momento in cui non si insediava una nuova parola, per esempio «burro», che usava per indicare l'universo intero (perseveratività). Un uomo fuori della norma, questo faccendiere privo di immaginazione (non ho ancora capito quale fosse davvero il suo lavoro), con l'amore per le burle più che per il senso dell'umorismo, trasformato in un surrealista compulsivo: Michael, il Dalí inglese, il «settimo Python». Per fortuna, sua, non aveva ferite ortopediche gravi. Per sfortuna, degli infermieri e della tranquillità generale della corsia, non appena fu in grado di farlo Michael cominciò a marciare per i corridoi, inseguito dai paramedici in stato di grande agitazione e menando pugni, imprecando, sputando, palpeggiando, strusciandosi, scalciando e orinando: comportamenti che tutti insieme vengono eufemisticamente chiamati «di sfida» e che, assicurava la moglie ai medici nel suo francese smozzicato, erano in netto contrasto con il carattere e con l'educazione del marito, imprecazioni a parte.

Se si tiene conto che le lesioni gravi al cervello sono in gran parte di tipo traumatico, è uno scandalo che siano così pochi gli studi sui benefici della pratica riabilitativa durante la fase acuta. Quello che si fa è primitivo: ambienti a bassa stimolazione, orientamento multisensoriale regolare, voci basse, un po' di musica. È questo lo stato dell'arte. In sostanza ci limitiamo a trattenere tutti insieme il fiato, sperando che il corpo si ripari da solo. (L'influsso cartesiano è ancora così forte che suona strano scrivere «corpo» parlando del cervello.) Per la famiglia è un periodo durissimo, ma non è facile neppure per i professionisti, abituati a interventi urgenti, intensivi e sofisticati. In questa fase qualsiasi interferenza rischia di peggiorare le cose: in pazienti del genere gli antipsicotici aumentano i comportamenti di sfida, e altrettanto fanno le richieste eccessive di riabilitazione da parte dei terapisti, rivolte a un malato che può non essere letteralmente in grado di distinguere un gomito da un ginocchio. Si consiglia a medici e paramedici di non prenderla come un'offesa personale, quando il comportamento scorretto del paziente diventa aggressivo. Ma per i membri dell'équipe francese non era facile non irritarsi se uno rapido, forte e alto quasi quanto John Cleese, con i calzoni calati corre verso di te brandendo sopra la testa un deambulatore e urlando: «Fuori dalle palle, mangiarane!».

Pian piano Michael si calma. Le immagini della MRI sono buone, a parte la porzione di cervello mancante: nessuno spostamento della linea mediana, nessun ingrossamento dei ventricoli, nessuna evidente lesione assonale diffusa, tutti segnali inequivocabili di danni strutturali nelle lesioni più gravi. Ora che la pelle è ricresciuta sulla parte mancante, c'è una bella fossetta sul lato sinistro della testa come se un alieno (di una specie più grossa?) avesse appena preso una cucchiaiata del suo uovo mattutino. A livello superficiale, ha «assorbito» quello che gli è successo. Sa dov'è (in ospedale) ma non in quale città o paese. Sa che mese e che anno è – è scritto con il pennarello sopra la testiera del suo letto – anche se è ancora incerto sui giorni e la data tira a indovinarla.

Abituato ai jet privati, Michael viene riportato con l'aereo ambulanza nel Regno Unito, dove è trasferito in una unità di riabilitazione postacuta. Dopo una settimana di esami, l'équipe multidisciplinare fissa vari obiettivi, in teoria insieme al malato e alla sua famiglia. L'ergoterapista vuole che Michael tosti il pane senza fare disastri (aveva tentato per due volte di infilare la lingua nel tostapane). Il fisioterapista vuole che la pianti di trottare qua e là, visto che i rischi di cadere sono enormi. Il logoterapista vuole che controlli le imprecazioni e usi il contatto oculare, per abituarlo alla reciprocità nella conversazione: «Guardami negli occhi: fanculo alle pupille... Adesso tocca a te».

Gli obiettivi di Michael sono diversi. Per esempio, creare un pista da sci artificiale su una superficie paludosa e piatta, coltivare un frutteto di alberi bonsai, allevare un gregge di alpaca per la lana (ma soprattutto «per lo spasso») e, con più insistenza, organizzare un campo da croquet in uno dei pascoli di Bruern, una follia per la festa estiva di Natale del 27 dicembre, subito dopo la caccia di santo Stefano.

«Spazzerò via la neve con il trattore, servirà come confine sui lati. Useremo palloncini rosa e arancioni, ci assicureremo che non volino via. Berremo Pimm's, frullati di frutta estivi, faremo un barbecue di leopardo delle nevi. Scherzavo... Un leopardo normale.»

Lo scambio di stagioni potrebbe derivare da una confusione temporale cronica. Molto più probabilmente si tratta della stravaganza di un riccone. In entrambi i casi è difficile trovare un terreno comune fra il paziente e la sua équipe di assistenti.

Incontro Michael sei mesi dopo, a nove mesi dall'incidente, nella sua casa nella zona nordoccidentale di Londra. Ci sono Catherine e Luke, ci sono le tre figlie più piccole, ciascuna delle quali sembra un'interpretazione ben studiata del padre, di quello che è stato. Molti anni dopo, tutti e cinque avrebbero ricordato ancora quell'incontro per via di una cosa che avevo detto: «La famiglia Taylor non sarà mai più la stessa».

Lo sapevano anche loro, fin quasi dai primi giorni di quei nove mesi, ma non avevano lasciato che affiorasse alla coscienza. Perché, a fare da contrappeso, c'era la supposizione, opposta e ciecamente caparbia, che dalle malattie si guarisce e che la guarigione non si ferma finché non è completa. Torneremo a essere noi stessi, qualunque cosa questo significhi, qualunque cosa potesse significare per Michael, che più di tanti altri aveva un vero talento per essere se stesso, come se tornare alla normalità fosse una legge newtoniana e non una fantasia infantile. Michael era vivace e mobile, scherzoso, pieno di sé e con la nuova cranioplastica che gli arrotondava la testa aveva un *aspetto* magnifico, quasi completo. Tanti *trompe-l'œil* basati sull'inganno più grande di tutti, e cioè che la vita, come ciascuna delle sue malattie, culmini con la salute. Nessuna meraviglia che sia difficile, per alcuni addirittura impossibile, immaginare di tirare giù completamente la serranda.

Oppure la chiudono troppo in fretta, perché una certa dose di inganno potrebbe essere necessaria per qualsiasi miglioramento *effettivo*. I chirurghi, seguiti dai neurologi e dai terapisti, avevano parlato di un magico «biennio»: la plasticità eccezionale del cervello garantiva che la guarigione spontanea sarebbe proseguita per tutto quel tempo. Un medico aveva persino accennato a un triennio. Chi aveva ragione? Lo sapevo, io? Questo voleva forse dire che Catherine avrebbe dovuto rinviare il suo giudizio su ciò che era andato perduto o era cambiato o era semplicemente guasto fino al compimento dei due anni? Più gli esperti insistevano su quel «biennio», più lei aveva la percezione che si trattasse di un paravento, di un gesto di autorità e abilità inzuccherato con la specificità numerica, ma in realtà un mantra, un'invocazione da fedeli. «Magia», in altre parole. E non riguardava soltanto i medici: offriva una via d'uscita anche a lei. Inganniamo noi stessi per poter ingannare meglio gli altri. Così, sentirsi dire da me che le cose non sarebbero state mai più le stesse – cosa che, per la verità, anche se può sembrare specifica o particolare, dicevo quasi automaticamente a tutte le famiglie come strumento per modificare le aspettative, ma anche per concedere più tempo a me stesso – fu in un certo senso un sollievo: per la prima volta lei poteva espirare con catastrofica certezza.

Ma per inspirare cosa?

Era chiaro anche a me, che lo avevo appena conosciuto, quanto fossero straordinari i miglioramenti di Michael dopo un incidente che avrebbe potuto portarlo alla morte, oppure, se fosse stato eccezionalmente fortunato, a un'invalidità permanente. A parte la piccola area di tessuto cicatrizzato rosa acceso, su cui non sarebbero più cresciuti i lunghi capelli neri che aveva altrove, Michael aveva un aspetto agile e vitale, come nelle fotografie di prima dell'incidente esposte sul pianoforte, sulla mensola del camino, sul tavolo e in tutto l'ingresso e che lo ritraevano mentre sciava, si tuffava, si arrampicava con la mountain bike sulle colline intorno a Bruern, beveva il tè a Darjeeling, abbracciava un alligatore nel parco delle Everglades, disputava un doppio su prato. Chissà se la casa era sempre stata il rifugio di questo ammirevole uomo d'azione o un incentivo a tornare a esserlo, o se invece era il suo memoriale. A un primo sguardo Michael sembrava lo stesso... quasi. Ma ritoccato da una figlia adolescente lievemente maliziosa: gli occhi erano sempre un po' fuori fuoco, il sorriso un po' troppo ampio e poi, in un angolo del cranio, c'era quella lievissima fossetta, come la zolla sollevata da una mazza sand wedge, che la cranioplastica non era riuscita a livellare. Mi ha stretto la mano come se stesse catturando un grosso pesce, un marlin, mi ha chiesto con voce troppo alta se gradivo un drink, ha riso nei momenti sbagliati. Per il resto, scoppiava di salute.

E non era soltanto l'aspetto. Al mattino avevo letto i risultati del recente screening neuropsicologico. Le sue capacità intellettuali, la memoria, le abilità linguistiche e quasi tutte le funzioni esecutive si situavano nella gamma «Molto superiore», oltre il novantanovesimo percentile. In altre parole, se mettessimo in fila cento o anche mille uomini della stessa età – quasi tutti calvi, sovrappeso, con problemi alla schiena e la prostata congestionata (il risultato di cinque decenni di preoccupazioni e rimpianti) – Michael sarebbe l'ultimo all'estrema destra, quello bello, con morbidi capelli sulla fronte, che saluta con la mano, in modo spensierato («Molto superiore: presente!»), uno che parla come fosse un megafono, che ride delle proprie battute perché *sono* divertenti. Impossibile non notarlo. Sì, c'era una diminuzione della velocità nel processare le informazioni, qualche segno di impulsività e un punteggio basso in un test di pianificazione e organizzazione. Tutto il resto andava bene, più che bene.

Mentre Michael tentava di mostrarmi il progetto per il suo campo da croquet e il disegno, fatto da un architetto, della pista da sci, Catherine tentava di mostrarmi il software per l'allenamento cerebrale e il prosaico programma di riabilitazione tracciato dall'équipe multidisciplinare (l'istinto di Michael di evitare il training cerebrale era decisamente sano: le migliaia di giochi infantili venduti per stimolare la plasticità neuronale godono di prove attendibili quanto quelle del croquet sull'erba sintetica). Di quel tablet, avrei saputo poi, Michael si serviva, di nascosto da Catherine, per acquistare bitcoin garantiti, guardare film di caccia grossa, brindare via Skype con i colleghi norvegesi in Guatemala e invitarli al suo party estivo di Natale. Lo sentivo parlare dall'altra stanza: «Questi terapisti, sono tutti *conseguenze* e *modifiche*... così fottutamente deprimenti! Beh, questa è la pepita d'oro, questo bitorzolo sulla testa mi ha regalato una nuova fetta di vita, una sorta di *control-alt-canc*!».

E dunque, in base ai test e all'autovalutazione, Michael era apparentemente quasi perfetto, al massimo della forma, ringiovanito. Ma mentre si addormenta nella stanza accanto – la stanchezza profonda è una delle menomazioni in questo gruppo di pazienti, specialmente in quelli che amano bere un goccetto per tirarsi su a pranzo – moglie e figli confessano con franchezza crescente di essere distrutti dalla percezione del cambiamento e della perdita. Quel marito e padre modello è diventato «imbarazzante», «strambo», «pigro», «ritardato mentale», «distratto», «appiccicoso», «un cretino degenerato», «decisamente pericoloso», «imbecille totale, alcolizzato, semi-automa».

Mi chiedo dove corra la vera linea di faglia. A volte serve molto tempo per stabilirlo, in particolare quando il mondo del paziente è qualcosa di estraneo per il clinico. La valutazione neurocognitiva potrebbe non essere sufficientemente sofisticata per cogliere le conseguenze della ferita frontale di Michael, soprattutto se si considerano le sue eccezionali abilità precedenti, il suo modo di muoversi nel mondo reale, tutto così lontano dai test con penna e matita degli esami clinici. L'esperienza con i traumi sportivi gravissimi mi ha insegnato a non dare per scontato che l'ostentazione, l'impulsività e l'abbigliamento ridicolo siano sempre connessi con le lesioni. E mi ha insegnato anche che i familiari, a volte, hanno pregiudizi covati a lungo e sfruttano il trauma per portarli allo scoperto. Il «grado di menomazione» può diventare antagonistico e persino colonizzante: entrambi i fronti trovano vari pretesti per contendersi l'un l'altro il territorio e, quando vincono, spingere ancora più in là il confine nei domini della controparte. Dovevo essere paziente e scoprirlo da solo.

«Qualsiasi cosa lei possa fare» disse Catherine mentre uscivo. «Una cosa: non si lasci ingannare dalla sua affabilità. È completamente privo di scrupoli. Ha licenziato un ragazzo una settimana prima del suo matrimonio, e doveva fargli da testimone. E odia i medici.»

«Io non sono un medico.»

«Glielo dica, dottor Benjamin.»

Ho bisogno di una vittoria lampo per agganciarlo, una vittoria che serva a evidenziare bene i contorni di eventuali compromessi con l'autoconsapevolezza, il controllo degli impulsi e la cognizione sociale; una prova concreta, non un qualche inutile esercizio scolastico, di quelli che di solito fanno parte dello stock degli specialisti riabilitativi. A fornirmelo è lo stesso Michael, per telefono: un'occasione, mi dice, troppo bella per lasciarsela sfuggire. Salta fuori che siamo entrambi tifosi degli Shaymen, i giocatori dell'Halifax Town, da quando eravamo bambini, il che ha voluto dire un'eternità di giornate nerissime. Non gli dico che io ho fatto da tempo il salto e vado regolarmente a vedere il blasonato Arsenal. Un po' come la vergogna delle posate di finto argento o come vincere la maratona di Londra per conto di un ente benefico a favore degli equini, con addosso una maschera da cavallo, ma in sella a un cavallo vero.

«Doc, il potente Halifax deve giocare contro i Gunners all'Emirates Stadium nel terzo turno della coppa d'Inghilterra e noi ci andiamo.»

«Va bene... Prevedi qualche difficoltà, Michael?»

«No, nessun problema, riusciremo a metterglielo nel culo!»

«E per noi?»

«A cosa ti riferisci?»

«Beh, il fatto di andare alla partita, stare in mezzo alla folla, gestire sentimenti complessi.»

«Ma no. È una partita» dice come facendo spallucce, quasi avessi suggerito di tenersi per mano durante la terapia di gruppo.

Io i problemi li vedo, ma non ne parlo, cercando forse di ingraziarmelo troppo, visti i moniti di Catherine. I problemi: sangue, gas lacrimogeni, teppisti senza volto con enormi toraci nudi che aggrediscono la polizia a cavallo, con Michael come improbabile capo.

Ci incontriamo alla stazione di King's Cross. Il mio paziente indossa una tuta da ciclista di un rosso sgargiante sotto una giacca Barbour e un berretto da cacciatore: sembra un Teletubby arricchito, che va a caccia di leopardi delle nevi. Entriamo nella metropolitana con un gruppo di tifosi dell'Halifax Town. Sono migliaia. Avevo dimenticato quanto loro, intendo dire «noi», odiamo quelli del Sud, in particolare i cockney (non che molti cockney frequentino l'Emirates Stadium). Gridano, sono ubriachi, hanno rondini tatuate sul collo, orecchini su entrambi i lobi. Michael comincia a cantare il loro inno a voce altissima: «Sono un tifoso degli Shaymen. Sono dello Yorkshire!».

... E loro si uniscono: «Sappiamo cosa vogliamo! E sappiamo come ottenerlo!»

Benché completamente sbronzi, i tifosi fanno caso a quello strano uomo in mezzo alla loro tribù vestito in modo così stravagante, che con le braccia intorno a due di loro canta, inciampando su qualche parola, e urla più forte, con più energia di tutti, pur non bevendo. Prima lo guardano, poi lo abbracciano: Michael, il capo ultras della tifoseria in trasferta dell'Halifax Town. Proprio come nella mia visione.

Lui si volta verso di me: «Dei ragazzi così bravi, eccezionali!».

Scendiamo a Holloway Road. Sono in allarme rosso per paura di incontrare qualche amico dell'Arsenal. Ci sono parecchi uomini di mezz'età avvolti nei loro Burberry che gironzolano intorno alla stazione, sussurrando: «Biglietti... Biglietti... Qualcuno vuole un biglietto?». Michael si avvicina a uno. Chiede trecento sterline per due. La cifra scende abbastanza facilmente a duecento, centosettanta, centocinquanta... Abbiamo i nostri biglietti. Michael mi lancia un'occhiata: nessun problema.

«Sento che è il nostro giorno.»

È soltanto quando arriviamo al tornello che Michael si accorge che non siamo nel settore dell'Halifax, ma nella gradinata Nord, lontanissimo dagli altri tifosi. Per un attimo si indigna, ma si distrae con la facilità di un bambino e mentre saliamo le scale siamo tutti bambini: per la frazione di un secondo, mai completamente assuefatti a quel verde abbagliante, sormontato dalla cupola gigantesca, piena di aria stantia, che chiede il nostro respiro come tariffa d'ingresso. L'Halifax perderà, penso, grazie a Dio. La squadra è in una forma spaventosa, mentre l'Arsenal resta sempre al quarto posto tra le formazioni inglesi (tranne quando è sesta) e non perde in casa da decenni contro avversari di una lega inferiore.

Più di una volta ho fatto bene a prendere le distanze dalla prassi della valutazione dei rischi, che predomina nel sistema sanitario nazionale e nella mia professione in particolare. Non questa volta. Prima della partita, mentre mangiamo un calzone da sei sterline, che avrebbe dovuto essere ripieno di carne e in realtà era ripieno di niente, faccio a Michael un predicozzo sui comportamenti accettabili, durante il quale lui continua a guardarmi con occhi vitrei, annuendo nei punti sbagliati, con la mente chissà dove. Il mio piccolo teatro dell'assurdo: cercare di chiedere un atteggiamento corretto a un imbroglione e hooligan con un danno cerebrale.

«Capito.» La solita risposta che dava ai medici.

Ma sarebbe andato alla partita anche senza di me, mi giustifico, e magari riuscirò a limitare i danni se le cose si metteranno male. L'architettura freudiana del lobo temporale sinistro è tale che fu soltanto un attimo prima del calcio d'inizio, mentre gli spiegavo che eravamo fra persone potenzialmente aggressive e perciò bisognava stare attenti, che mi ricordai che mi era scaduta da poco l'assicurazione professionale.

«Bocca chiusa» mi dice, senza ascoltarmi.

L'arbitro fischia. La partita inizia.

«Fateli fuori, Shaymen» grida Michael.

Sicuramente sarà stralitigioso in caso di incidente.

Benché molti tifosi dell'Arsenal siano ricchi borghesi che se ne stanno muti come a un funerale, stranamente la piccola enclave in cui siamo seduti è popolata quasi soltanto di duri nati negli anni Settanta con orrende giacche di cuoio e l'aria di chi potrebbe uccidere a testate un leone di pietra. Per fortuna non mi conoscono. Questo però significa che noi due saltiamo subito agli occhi, o meglio, quello che spicca è Michael, riconosciuto immediatamente come un alieno e perciò vulnerabile. Porto il peso della consapevolezza di tutto questo per me e per il mio paziente dalle braghe scarlatte.

Il fischio risuona. Gli afferro il ginocchio, sperando di trasmettergli un senso di autocontrollo e calma. E invece la mano mi trema in maniera incontrollabile. Adesso ci stanno guardando – la mia mano sul suo ginocchio – con i loro occhietti piccoli, rosa, omofobi, odiatori dell'Halifax.

L'Arsenal domina. La folla siede tranquilla. Mi rilasso per una frazione di secondo. L'Halifax segna. Michael balza in piedi.

«Ve l'abbiamo messo nel culo!» grida, lanciando in aria il suo berretto da caccia, come se fosse a Henley, l'accento emigrato all'istante da West Hampstead a West Yorkshire. «Te l'avevo detto che era il nostro giorno, Doc.»

Così ho stabilito che manca di consapevolezza e ha difficoltà a controllare gli impulsi. Ma dopotutto è un tifoso, fa parte del gioco. Lo tiro giù a sedere prima che gli steward lo notino. Loro non lo vedono, ma è comunque troppo tardi: l'hanno visto tutti gli altri. Una voce femminile roca mi sussurra all'orecchio: «Consideratevi morti».

Dedico i successivi settantacinque minuti ad altri progetti interrelati e futili: persuadere Michael a non lasciarsi assolutamente trascinare dalle emozioni («Non so perché sei così ansioso, sono sicuro che con un po' di fortuna possiamo suonargliele»); persuadere la signora dalla voce roca e altri potenziali assalitori che sono un medico e Michael è un mio paziente cerebroleso: non ho lo stetoscopio, la mascherina da medico, una copia di «The Lancet» e, ciliegina sulla torta, non sono neppure un medico. «Ha il cervello spappolato, come Gaza, completamente fottuto.»

Non parlo neanche come un medico; cambio tattica, cercando di comunicare a lei e ai suoi amici che sono uno di loro, dicendo con le labbra, dietro le spalle di Michael: «Sono un tesserato dell'Arsenal». Lui percepisce i miei sforzi e, mettendomi un braccio intorno alle spalle, mi dice: «Fregatene». E mi augura che i Gunners segnino.

All'ottantaseiesimo Giroud va a terra, un po' troppo platealmente. Rigore. È proprio davanti a noi. Urlano tutti. Impedisco a Michael di prendersela con l'arbitro. L'Arsenal pareggia. Restano quattro minuti più il recupero. Penso sia meglio andarcene. Spingo il mio paziente verso la scala, a testa china e con un leggero tremito, come sollevato che sia stata evitata una sconfitta disastrosa, quasi a dire: «Inutile soffrire ancora». Nessuno ci crede. Ci guardano torvi, in attesa di un'altra mossa falsa, un errore, un'altra lacuna nel controllo degli impulsi. Qualcuno lancia verso di noi i fondi del caffè (costato quattro sterline e mezzo). Penso: «*Flat white*: cappuccino senza schiuma, tipico dell'Arsenal». Michael non se ne accorge. Riusciamo in qualche maniera a uscire dallo stadio.

«Inchioderemo quei fetenti del sud al Shay» mi dice non appena siamo fuori. «Devi procurarti i biglietti, Doc.»

C'è la mancanza di consapevolezza provocata dai danni alle modalità autoriflessive della cognizione. Poi c'è la negazione del trauma emotivo. Due cose che spesso vanno a braccetto, nel trauma cranico. Non mi sorprende che Michael non accetti la partita di calcio come prova dei suoi problemi. Ritrovare la consapevolezza, quando ci si riesce, non è come una lampada che si accende all'istante, è come una luce dimmerabile lentissima. Nella seduta successiva gli assegno un altro compito. Vuole prenotare il volo per Valparaíso per andare a trovare un ex collega: il kitesurf è fuori discussione. «Troppo pericoloso» gli dico. «Gli scacchi, allora. Sui motoscafi... Dài, è solo un esercizio.»

Cerca il costo di un biglietto di prima classe per il Cile. Partenza il 12 dicembre, ritorno il 16 gennaio. Nel pomeriggio mi arriva la telefonata di Catherine, afflitta.

«Le dico io cosa succede, dottor Benjamin: ha appena acquistato trentamila sterline di biglietti aerei per Giacarta, partenza domani.»

Quella stessa sera noi tre siamo seduti al tavolo della cucina.

«Non ci si può fidare di lui» dice, rivolta a me.

«Avevamo bisogno di una pausa» dice lui, guardandomi. «Sono stati mesi difficili per tutti e mi pareva così... irresistibile» spiega.

«Irresistibile come l'organo di chiesa che hai comprato? O i cani da caccia russi? O il falso Rothko?»

«Investimenti, dolcezza.»

Inconsapevolezza dell'impulsività o negazione?

La nostra capacità di autoinganno è così grande che non esiste comportamento al mondo che non possa essere negato o distorto. Molti medici non sono d'accordo con me, naturalmente, convinti come sono di poter mettere chiunque alle corde con la forza della ragione (la loro). Ma il problema è proprio come mettere qualcuno alle corde. Con Catherine non più presente e con uno stile di indagine più gentile, un Michael abbacchiato spiega che, mentre era seduto al computer, «totalmente concentrato su quello che stava facendo», era comparso un box dai colori vivaci, con l'annuncio della vendita *urgente* di biglietti scontati da parte di una linea aerea: «Celestiale Giacarta, gioiello d'Oriente: l'affascinante 7 stelle Kapoor ... Spiaggia privata di sabbia bianca dell'oceano Indiano, irresistibile, a pochi passi ... Solo sei biglietti rimasti ... Solo cinque biglietti...»

Un clic e la memoria delle prenotazioni precedenti conservata nel computer di Michael aveva fatto il resto. Tecnicamente, questo si chiama comportamento legato allo stimolo. Il lobo frontale danneggiato fa sì che la persona non riesca a liberarsi da un trigger allettante, come i bambini di quattro anni di fronte alle caramelle. L'interfaccia con compagnie di marketing globale, reso più veloce da un sistema computerizzato di supporto, non è l'ambiente più adatto per acquisire nuove abitudini. Per fortuna sono riuscito a ottenere il rimborso.

Dopo, Michael mi confessa in privato: «Non sono riuscito a resistere... Ci ho provato, ci ho provato davvero, ma *non ce l'ho proprio fatta*... Non so cosa mi è successo».

Scopro che la consapevolezza di Michael – la sua disponibilità a riconoscere una sua difficoltà – dipende in parte dalla dinamica interpersonale. È abbastanza naturale che sia così: se c'è un costo sociale alto, lui è meno disposto ad ammettere lo sbaglio. Ma se parlo in tono giocoso, rilassato, poco da esperto, allora Michael, che non ama i dottori né l'autorità sotto qualsiasi forma, è più disposto a prendere in considerazione la possibilità che le cose non siano più quelle di prima. È il rovescio dell'effetto constatato con le nostre ricerche con gli studenti di medicina: meno io faccio il medico, più lui fa il paziente.

A poco a poco sviluppiamo un modo per separare Michael dalle sue lesioni cerebrali («quel maledetto pezzettino»), lasciando che siano esse a prendersi la responsabilità di certe difficoltà, se presentate in modo lieve. Pian piano nasce un ponte, piccolo, obliquo, ma sicuro, fra Michael e un'autocoscienza altrimenti devastante.

Purtroppo i familiari, a loro volta sotto forte stress mentre riconfigurano la propria identità intorno a un'assenza, non hanno né il tempo né lo spazio per approcci «sottili e sfumati», ostacolati – e ciò vale per tutti – dall'enormità della loro autoconsapevolezza. E invece, ogni errore, come le decine di foto di Michael in azione, incorniciate e appese sulle pareti di casa, è lì a ricordare la levatura del padre/marito prima dell'incidente, tutto quello che è andato perduto. Se solo riuscissero a prendere quelle immagini e infilarle in un altro album da sfogliare frettolosamente, il vecchio Michael tornerebbe in vita. Così, invece, non vedono altro che «quel maledetto pezzettino».

Con il tempo è emersa un'ulteriore sottigliezza, collegata alla negazione, che non riuscivo a vedere, sebbene sia la cosa più facile da immaginare. Detto nel modo più semplice e lineare, ci sono due punti fissi, due fotografie: «prima» e «dopo», «pre-incidente» e «post-incidente». L'obiettivo della riabilitazione è rovesciare la freccia del tempo, avvicinare il più possibile questi due punti. Ma per poterlo fare, occorre stabilire il significato di entrambi. A mano a mano che conoscevo meglio Michael e la sua famiglia, capivo che, così come c'erano versioni contrastanti su ciò che egli era diventato, c'erano anche discrepanze su ciò che era prima, e queste emersero solo quando la polvere magica dei «due anni» smise di brillare. Come il mio paziente, anch'io avevo negato la realtà, sedotto completamente dalla fantasia del Michael intatto: un uomo esuberante e irrefrenabile, che mi avrebbe accompagnato alle partite (agli antipodi di mio padre, introverso, depressivo, indifferente al calcio: conservarlo, conservare questa differenza era perciò anche nel mio interesse), l'uomo capace di fermare il tempo, che non aveva mai fatto niente di insolito per lui, che era sempre «soltanto» Michael, dalla testa ai piedi. Se il «dopo» non si avvicina di più al «prima», se cinquantotto anni non possono essere cinquantacinque, per non parlare poi di ventidue, allora può darsi che sia il «prima» a doversi avvicinare di più al «dopo»: un ritorno al futuro.

Una storia diversa salì lentamente in superficie: quella di un uomo che era da tempo nauseato dal suo lavoro, stanco dei colleghi, che anelava a qualcosa di diverso, che dopotutto non era così «Michael». Viene fuori che questo Michael viveva da anni in tacita attesa di una catastrofe, mentre dominava il suo mondo, faceva mucchi di soldi (altro comportamento legato allo stimolo, ma senza le lesioni cerebrali) come mezzo per ignorare gli attacchi di panico e superare l'ansia sociale, era sempre in movimento per tenere a bada la depressione. In altre parole, la sua «giovanilità», a parte i buoni geni, l'essere sempre su di giri, il carattere e il suo fascino erano diventati una finzione, una difesa dalla disperazione. E la famiglia, complice, aveva messo sul piedistallo il Michael che voleva e di cui aveva bisogno. Poi arriva la catastrofe vera, sotto forma di lesioni cerebrali, e immediatamente i sintomi acquisiti – benché a uno sguardo senza paraocchi appaiano strettamente imparentati con quello che c'era prima (sfrontatezza, stravaganza incosciente, noncuranza programmatica) – ora sono rigidi, non finti, obbligati. Era come se Michael fosse diventato un burattino non del tutto sincronizzato di se stesso oppure un film in lingua straniera, separato dal suo io precedente da una valle arcana. E, crudelmente, le qualità un tempo così seduttive diventano proprio quelle che lo estraniano dagli altri. O forse questa è soltanto una storia, abbastanza formale nella sua ironia, di quelle che i clinici amano raccontarsi con soddisfazione. In realtà Michael si era estraniato da tempo dagli altri ma soprattutto da se stesso e da quegli attributi o da altri simili che, pur *apparendo* naturali, erano, in misura maggiore o minore, deliberati. In quest'ottica, la linea di separazione fra lo «psicologico» e il «neurologico» comincia a disintegrarsi: dopo tutto dipendono entrambi dalla stessa mente.

Non passa quasi settimana che io non veda persone, con o senza casco, morire per ferite alla testa come quella di Michael. E ce ne sono molte altre che passeranno il resto della vita con disabilità fisiche e cognitive gravissime, consegnate dalla chirurgia più moderna a una vita di dipendenza. Michael ha riavuto tutto, o quasi. Per due anni un esercito di medici e terapisti gli ha detto che il suo è un miracolo. Ma la gratitudine non dura in eterno, o forse non basta. Il declino di Michael accompagnato dalla negazione e dalla scarsa consapevolezza da un lato, e la negazione e l'iperconsapevolezza della famiglia dall'altro, non potevano che mandare tutto in frantumi. La letteratura indica che il 50 per cento delle coppie si separa entro i primi due anni dal trauma cerebrale: fra le ragioni principali addotte per la rottura, i partner citano quasi sempre i mutamenti di personalità e l'inconsapevolezza, più che la devastazione fisica o cognitiva.

Nel caso di Michael si intuiva anche qualcosa di cui non si poteva parlare, e che certo non poteva essere fotografato. Le lesioni, per quanto terribili, lo avevano liberato di un peso, gli avevano fornito una via di fuga da una vita che si era arenata, assegnandogli all'istante un ruolo in una lingua diversa, forse non «salutista» ma più autentico, e l'avevano restituito a un futuro differente, sempre con lo stile di Michael J. Fox, ma nella versione più vecchia, parkinsoniana. Era stato come un *control-alt-canc*, come lo aveva descritto lui stesso. La ferita alla testa aveva creato nuovi limiti: ora non poteva più vogare a tutta forza anche se lo avesse voluto, e non poteva più sembrare uno che faceva tutto senza sforzo, sempre su di morale, sempre giovane. Niente di intenzionale, naturalmente, ma il trauma era stato di un'efficacia letteraria: per vie misteriose ed eleganti gli aveva permesso di cambiare strada.

Ma anche questa è soltanto una storia, troppo nitida nella sua narrazione: ignora il caos della sofferenza che non può contenere.

Nella primavera 2018 sono andato a pranzo con Catherine. Non ci vedevamo da anni. Benché nella mia professione non sia una cosa frequente, ogni tanto io mi trovo con qualche paziente fuori dalle mura dell'ospedale. Con i Taylor avevo lavorato fianco a fianco per molti mesi, poi erano spariti. Sentivo la loro mancanza, di Michael in particolare; ero curioso di sapere come se la passavano. Lei era riuscita a «tenere duro» per i fatidici «due anni», fino a quando era svanita la speranza di altri miglioramenti. Michael non avrebbe recuperato più di quanto non avesse già fatto, e questo non le bastava, o era troppo. Lei aveva trovato la pace in una vita più umile, lontano dalla routine stressante nei panni della moglie di un uomo potente. Impensabile tornare a essere la stessa. La famiglia Taylor non esisteva più.

Posò sul tavolo da pranzo un'altra foto di lui per il mio album – accanto a quella della laurea e a quella del cinquantacinquesimo compleanno – scattata un mese prima da uno dei figli su un porticciolo vicino a Wapping. Michael, che indossava un panama e gonfiava un grande abito di lino color salmone, tentava di salire a bordo di un Cessna anfibio che lo avrebbe depositato davanti alla sua nuova casa in riva al mare a Bournemouth. Dietro di lui, un facchino aveva appoggiato il bagaglio per potergli dare una spinta. Michael era grasso, instabile sulle gambe, improvvisamente di mezz'età avanzata (improvvisamente *simile* a mio padre), straordinariamente invecchiato rispetto alle fotografie dei momenti più significativi di quasi tutta la sua vita adulta. Nessun cambiamento per trenta e più anni, e la potente sensazione che il mondo si sarebbe arreso in qualunque modo egli avesse deciso di mettersi – o di metterlo – alla prova. Poi questo, in meno di cinque anni. Rideva come un pazzo perché trovava ridicolo il tutto, adesso lo capivo.

Ma solo perché ora il suo «tutto» era più piccolo o almeno diverso dal nostro. Michael, mi ha detto Catherine, amava starsene seduto davanti al mare. Aveva perso il gusto dell'avventura. Andava con la sua Maserati fino al pub per pranzare, aveva una cameriera, ogni tanto andava a pesca, ma preferiva guardare gli altri, usciva con un'agente immobiliare (che gli aveva venduto la casa). I figli passavano con lui le vacanze estive a Jersey e qualche giorno durante le vacanze natalizie, e gli telefonavano quando avevano bisogno di un prestito.

Jane

Una serie di figure come stazioni della Via crucis: braccio sinistro irrigidito, mandibola sporgente – discorso smarrito a metà frase – occhi scomparsi verso l'alto, tronco inclinato. Sono diventate sempre più frequenti con l'avanzare della pubertà. Il momento scelto non avrebbe potuto essere peggiore: il «guardami/non guardarmi» di quell'età, la crudeltà e le provocazioni delle adolescenti alimentate, e con ogni probabilità alimentanti, le sue crisi, che si verificavano di continuo e duravano fino a un'ora. Sei mesi dopo lei aveva la sensazione di essere sempre stata epilettica, che l'epilessia fosse la manifestazione di ciò che lei era realmente, e che aveva soltanto aspettato qualche anno a venir fuori.

Come lei, suo padre trovava imbarazzante l'epilessia. Per quanto avesse imparato a non dirlo, lei era sicura che la considerasse una «sceneggiata», un indice di scarso autocontrollo; per lei era la conferma di quello che il padre andava da sempre dicendo, sia pure scherzosamente, e cioè che era stata adottata alla nascita. Jane: torva, goffa, capelli neri come ali di corvo, mani grosse, una commediante nata, una Addams in una famiglia di Kennedy, virgolette satiriche intorno a tutto il resto della famiglia. I nostri controlli due volte all'anno erano fotografie in un *timelapse* prolungato. L'avevo vista, come al rallentatore, sbucare fuori da una undicenne allampanata, disarmante, integra: i vestiti diventare neri, i capelli cambiare colore da nero a blu a rosso e di nuovo a nero, la risata sparire (si era convinta che innescasse un attacco), piercing sul naso, sul labbro superiore, su un sopracciglio. Il tatuaggio di un delfino, poi di una fata, poi uno ispirato a Harry Potter, l'inizio di un murale che si espandeva pezzo per pezzo all'interno del braccio, poi all'esterno, sulla spalla, sulla schiena: un ciclope, Gesù con il seno, testi di Marilyn Manson, un arpione infilato nel muso di un delfino, un cappio intorno al collo di una fata. Nel frattempo la malattia, quasi obbedisse a leggi diverse e più rapida della sua età, aveva raggiunto e superato la giovane donna, mentre il resto della famiglia scompariva alla vista, uno alla volta, con balzi improvvisi, abrasivi.

Quand'era piccola, il padre diceva a tutti di sperare che studiasse medicina per «badare a lui»: scherzava, ma diceva anche sul serio. Lei però aveva smesso di studiare prima di completare la scuola dell'obbligo, per lavorare come assistente con i bambini con difficoltà di apprendimento. Molti di questi scolari avevano gravi problemi fisici e mentali, e spesso crisi epilettiche spettacolari. Stare con loro le dava la sensazione di essere utile e, nelle giornate buone, di possedere un relativo controllo. A quindici anni aveva cominciato a uscire con un ventitreenne, che non assomigliava neppure vagamente al padre, l'inizio di un modello che si sarebbe ripetuto negli anni immediatamente successivi. A diciassette anni era uscita di casa per vivere con uno di loro. Aveva imparato a bere e ad assumere droghe leggere senza vomitare. Era convinta, o diceva di esserlo, che, mescolate nel modo giusto, rendessero meno violente le sue crisi, a differenza dei farmaci antiepilettici. Ne aveva presi a decine in alcuni periodi, e ad alto dosaggio: fino a quattro diverse pillole in una volta sola. Aveva sempre la nausea, la testa confusa, la memoria sempre più debole (l'epilessia le provocava amnesie) e, a volte, effetti collaterali più specifici: perdita dei capelli, crescita dei capelli, calo di peso, aumento di peso, pelle secca pruriginosa, voce più roca, dolore alle braccia e alle gambe, ciclo mestruale sconvolto. L'alcol e l'erba, anche se non fermavano davvero gli attacchi epilettici, non avevano comunque effetti del genere: l'unica cosa era che andava in paranoia per la paura di perdere il controllo quand'era fatta.

Sono passati dodici anni dalla prima diagnosi: estraniata dalla famiglia, lavora con turni di quattordici ore al giorno per un salario minimo, è di nuovo single, le crisi sono identiche a sempre, se non peggiori. Negli ultimi tempi l'epilettologo, di solito gentile, ha cambiato modi e si rivolge con franchezza alla donna adulta che è in lei: «Immagina un mondo dove le cose vadano peggio di come vanno ora: convulsioni, attacchi più violenti, un mondo senza cure mediche». Ma Jane trova difficile usare la mente in questa maniera, giudicare se stessa in contrapposizione ad altri io virtuali e poi esserne grata. La sua capacità di astrazione immaginativa (aree prefrontali sinistre) potrebbe essere stata messa fuori uso da anni di crisi epilettiche oppure la sua capacità di sentimenti volti alla cura di sé (aree prefrontali destre) potrebbe essere compromessa. Ma è più probabile che in lei non ci sia semplicemente spazio per la gratitudine: dopo avere trascorso anni e anni al guinzaglio brutale della malattia ne ha fin sopra i capelli di riprendere il controllo, dei medicinali, dei farfugliamenti, della vacuità mentale, di sentirsi grassa, di provare ansia sociale, di essere dipendente dalla cannabis, di essere obesa, di sbronzarsi, di avere relazioni codipendenti, ostili, effimere, di quello schifo di tatuaggi, della demenza precoce che è convinta sia dovuta ai centomila minuti di assalti al suo cervello. Ora ci implora di inserirla nel programma di chirurgia epilettica, una possibilità cui aveva accennato per la prima volta diversi anni fa.

La chirurgia epilettica è l'unica situazione, in medicina, in cui una persona che non è sotto una minaccia immediata si sottopone volontariamente a una lesione al cervello. Prima di consentire l'intervento chirurgico, gli esperti devono vagliare tutti i dati a disposizione ed essere convinti che, nonostante le potenziali implicazioni, il bisturi rappresenti l'opzione migliore per ridurre l'attività della malattia. Senza questa procedura non può esserci il «consenso informato». E nel caso di Lucy la parola *informato* deve suonare come un campanello d'allarme: stiamo appena cominciando a raccogliere i dati necessari per effettuare predizioni sulle «possibili» (ossia «inevitabili») conseguenze neurologiche della rimozione di porzioni di cervello. Ci sono stati degli errori: una volta, con l'operazione, abbiamo trasformato in un benzinaio ancora tormentato da crisi terribili quello che prima era un ingegnere chimico. Insomma, le lesioni cerebrali medicalmente deliberate sono ancora all'infanzia: la saggezza richiede tempo.

Fra l'altro, viene da chiedersi se una paziente come Jane, da un decennio aggrappata con tanta credulità all'idea della chirurgia, stia davvero *dando* il suo consenso o non stia invece obbedendo, avventatamente, a un riflesso. Lei è in grado di valutare le possibili conseguenze, soprattutto quando la valutazione stessa può a sua volta dipendere da quelle aree neuroanatomiche compromesse dalle crisi epilettiche? E, lesioni a parte, chi di noi riuscirebbe davvero a immaginare che cosa significhi farsi cancellare aspetti fondamentali del proprio modo di essere, senza che il solo immaginarlo ci trasformi in qualcun altro? Provate...

Tanto per i clinici quanto per il paziente la decisione è un *pas de deux* al buio, o forse direttamente alla cieca. Naturalmente a condurre le danze sono i clinici: prima che Jane arrivi a prendere la decisione, prima che scopra di dover prendere una decisione, noi prendiamo la nostra. «Noi» in questo caso significa almeno due epilettologi, un neurochirurgo, un neuropsicologo, un elettrofisiologo, un neuroradiologo, uno specializzando in ricerca epilettica, un infermiere specializzato in epilessia e un neuropsichiatra. Tutti insieme affrontiamo questioni del genere: gli attacchi hanno un focus epilettogeno (vengono cioè da una parte specifica del cervello)? Oppure sono distribuiti su più aree? Il suo cervello riuscirà a compensare le eventuali perdite cognitive? Il linguaggio verrà cancellato? La paziente è abbastanza resiliente per affrontare le conseguenze? Sono tutte domande che richiedono una molteplicità di indagini, spesso della durata di mesi, a volte di anni, prima di essere portate alla riunione chirurgica.

Una stanza oscurata, una ventina di specialisti raccolti intorno a uno schermo grande quanto quello di un cinema – gli specialisti in prima fila – su cui vengono proiettate le immagini gigantesche e scintillanti della MRI. Qui non entrano le troupe cinematografiche e neanche i pazienti, soltanto immagini alte due metri dell'interno della loro testa, senza corpo.

«È un glioblastoma di grado quattro sul piano sagittale del corpo mascellare destro... Vero?»

«Quella non è una fossa sclerotica posteriore?»

«Credo siano i capelli di Ken che interferiscono con il proiettore.»

Il primo a dare la risposta giusta, come in un quiz.

La tendenza alla specializzazione medica ha fatto sì che possiamo prendere certe decisioni soltanto mettendo insieme l'*expertise* di vari specialisti. Di norma, presumiamo che si possa raggiungere il consenso senza prendere in considerazione minacce quali l'intolleranza dell'incertezza, i pregiudizi di conferma, gli squilibri di potere interprofessionali, le differenze interpersonali specifiche di un gruppo. Ecco un esempio superficiale – superficiale perché solo Dio sa cosa passi per la mente umana – tratto da una riunione in un ospedale nelle Midlands cui presi parte: avrei potuto regolare l'orologio in base ai livelli fluttuanti di zuccheri nel sangue del corpulento chirurgo, che raggiungevano il picco e poi crollavano dopo l'ingestione di una brioche gigantesca. Sì, perché, dopo avere sfoggiato le sue opinioni su ogni cosa, durante la successiva discussione più prosaica e dettagliata sui dati relativi al trattamento chimico, poniamo, di un cancro al cervello in un bambino, si estraniò completamente. A condurre la discussione fu l'oncologo, un vero e proprio database umano di tutte le ricerche, le più rilevanti e recenti: le sciorinava a valanga, senza inflessioni, con voce monotona e una frequenza e un tono decisamente soporiferi. Quando infine la discussione chiamò di nuovo in causa il gigante addormentato e i convenuti chiesero il suo parere su una possibile resezione chirurgica alla luce degli esami e dei dati appena proiettati, ci fu soltanto il silenzio... Credo che la povera infermiera oncologica, seduta al suo fianco e da tempo sulle spine, l'unica consapevole del mini-coma del chirurgo, avesse avuto la tentazione di punzecchiarlo con la biro, ma non lo fece perché – continuo a immaginare – sperava in un'umiliazione che la vendicasse, lei che per anni era stata umiliata o, peggio ancora, totalmente ignorata da quell'uomo... Così continuò il silenzio finché, nella mia fantasia, in un paesaggio onirico fra la chirurgia e la pasticceria, il chirurgo si sveglia con un sussulto mioclonico – una proto-convulsione frequente tra la gente facoltosa e influenzata dalla propria condizione – e dalla sua bocca esce un suono che non assomiglia a nessuna parola nota: «Pp...pr...rrr... prtl...o».

Che poi, sotto il peso delle aspettative suscitate, con il consueto brio salva-faccia chiarisce: «Por... portatelo dentro. O è una lei?».

E la decisione è presa, il bisturi viene preparato e nessuno dei presenti sa dire esattamente che cosa è appena successo.

Ma allora, come è possibile valutare lo status di questo particolare algoritmo decisionale neurochirurgico? Il modello di quella valutazione richiederebbe una qualche forma di superconsesso multidisciplinare: un Roman Jakobson per l'analisi del discorso, un Wilfred Bion per le dinamiche di gruppo, un Ilya Prigogine per la modellazione del caos, il venerabile Chokyi Nyima Rinpoche per il tasso di scambio interpersonale del karma, David Foster Wallace per l'analisi della ricorsività dell'ironia, e così via. (Nella realtà, il Trust, l'ente autonomo per l'assistenza sanitaria, si affida a studenti di psicologia non pagati.) E anche se accadesse, sarebbe poi possibile captare queste frequenze tonali, e addirittura interrogarle, *vedere* davvero queste ombre, quando i corridoi sono presidiati dalle troupe televisive e dagli uomini e dalle donne invisibili della Care Quality Commission, la Commissione per la qualità delle cure? Quando gli ideali del Trust – eccellenza, gentilezza, dignità – si stagliano sopra di noi in giganteschi poster in stile Leni Riefenstahl, si insinuano nella nostra prosa come microslogan programmati per apparire automaticamente in chiusura alle e-mail, facendoci sapere che quello che vediamo siamo noi stessi, mentre veniamo guardati?

Qualcosa di ancora più primitivo minaccia il presupposto in assoluto più basilare: che gli esperti possano discutere in modo «adulto» e «professionale» (o in qualsiasi altro modo eufemistico si preferisca) senza che nella discussione irrompa la vita segreta di ognuno. Abbiamo bisogno di credere che il carattere e la biografia non contaminano il processo decisionale e che noi medici siamo capaci di rimuovere tutto quello che è improprio, di scinderci nel nome della professionalità. A questo proposito, ho una confessione da fare. Nel caso di Jane, neppure io sono esente da pregiudizi. Ho un fratello che soffre di epilessia da quando aveva sedici anni. Come Jane, non avrebbe potuto esserci un'età socialmente più difficile, solo che la sua forma di malattia era ancora più grave: mio fratello soffre di crisi di tipo tonico-clonico, che comportano la perdita totale del controllo. La sua epilessia si è annunciata per la prima volta nel bel mezzo di un'assemblea scolastica con un attacco di due minuti. Un altro episodio grave si è verificato in un club di musica indie, dove è stato scambiato per un omaggio a Ian Curtis; un altro è avvenuto a teatro durante uno dei silenzi tipici degli spettacoli di Harold Pinter, e un altro ancora mentre guidava a quasi settanta chilometri all'ora. Un attacco significa due anni senza patente, e giustamente. Per lui le conseguenze sono state complesse, ma la vergogna e la perdita dell'indipendenza hanno pesato più di ogni altra cosa.

Per me è stato diverso. Un pomeriggio, tre anni dopo la sua prima crisi, stavo prendendo il tè con un amico quando all'improvviso ho avuto la sensazione che le mie parole non gli arrivassero più e che lui drizzasse le orecchie come un cane davanti a un suono sconosciuto. Ero, insomma, consapevole dell'epilessia, della sua capacità di piegare la realtà, come se in me ci fosse qualcosa di ancora più profondo, che osservava la situazione dall'interno. Sul piano diagnostico questo è un indizio rivelatore. Era una situazione estrema, a pochi giorni dagli esami finali. Come migliaia di altri studenti, anch'io ero stremato dall'ansia e dalla stanchezza. Ma, siccome c'era stata la diagnosi di mio fratello, ho pensato che quell'episodio fosse l'espressione familiare dell'epilessia. Ed essendo, come tanti altri giovani, tanto un ipocondriaco quanto un negatore integralista della malattia, non sono mai andato dal medico.

Adesso so che quella non era epilessia, ma un'altra cosa. L'attacco non epilettico ha un tasso del 2,33 su ogni centomila individui, perciò non è rarissimo. Agli occhi di un profano i sintomi sembrano quelli dell'epilessia, e sono vissuti come involontari da chi ne è vittima. L'elettroencefalogramma, però, non evidenzia alcuna attività epilettogena. I neurologi elencano alcune sottili variazioni che distinguono queste manifestazioni dalla semiologia delle crisi epilettiche autentiche: la durata, la flebile conservazione del controllo fisico, del movimento degli occhi, sacche di consapevolezza e così via. A complicare ancora di più le cose, molti malati di epilessia subiscono anche crisi non epilettiche: le seconde viaggiano a cavallo delle prime e, come ventriloqui, imparano da queste, tanto che per il paziente può diventare impossibile distinguere le une dalle altre. Questa è una delle ragioni per cui tali manifestazioni sono così difficili da curare: in casi simili la terapia è psicologica più che farmacologica. Ma, almeno per una minoranza significativa, c'è anche un'altra ragione: nella prima infanzia i pazienti hanno subìto traumi gravi, che in qualche maniera remota e glaciale li hanno resi più vulnerabili.

«Si tratta di picchi di onde theta.»
«Sembra depressa.»
«Nel giro frontale sinistro.»
«Niente zucchero, grazie. Possiamo rivedere la risonanza a 3 Tesla?»
«Ditele che è alfa e non theta a fare lo spiking.»
L'oscurità ci consente di essere più noi stessi.
«Quanto dista dai Cotswolds casa tua?»
«Diglielo tu.»
«Non c'è niente di frontale sul 3T.»
«Diglielo tu.»
«C'è?»
«Ti sento, mi dicono.»
«Di chi stiamo parlando?»
«Dipende dal restringimento di corsia sulla A40.»
Le molteplici linee di indagine creano una cacofonia nei venti minuti previsti per il caso di Jane. Chissà se i presenti si sentono fra loro, chissà cosa passa davvero per la te-

sta di ognuno. Io penso a lei. Penso a mio fratello. Penso a quei periodi della mia vita in cui il paziente ero io, e a come sono sempre pronto a cogliere qualsiasi segno che la persona con cui parlo non mi stia ascoltando. Mentre la conversazione passa continuamente da un dato all'altro, pian piano emerge un filo narrativo, dapprima sottile, poi più robusto: in alcune crisi potrebbe esserci un elemento non epilettico, cresciuto lentamente a fianco dell'epilessia vera e propria. Un alter ego, una «lei» puramente «teatrale» (quella individuata dal padre), che potrebbe essere l'espressione inconscia del suo non essere ascoltata.

Ma perché non le diamo ascolto? Non sono certo i dati a mancarci: oggi abbiamo tutti i dati possibili, solo che non sappiamo come trattarli. Il ragionamento diagnostico è soggetto al pregiudizio, anche quando tutti ascoltano e sono dotati di autocontrollo. Alcuni studi suggeriscono che i medici non ragionino affatto, ma basino le proprie decisioni sulla sola «esperienza clinica»: nessun meticoloso metodo deduttivo-ipotetico, ma il riconoscimento basilare, poco sofisticato, di segni e sintomi colti in precedenza. E, se il ragionamento c'è, la tendenza potrebbe essere non quella di affidarsi alle raffinatezze della logica, ma di ricorrere a regole o a un'euristica di una semplicità oscena, spesso profondamente idiosincratiche e perciò distorsive. Siamo davvero bambini precoci che provano a giocare a rubamazzo nel salone degli specchi.

Faccio del mio meglio per ascoltare, per ascoltare la sua voce, e questo significa lottare contro un intero complesso associativo: l'irresistibile forza di attrazione esercitata da quel pelo solitario, lungo un paio di centimetri, che sbuca fuori dal naso del neurochirurgo; il disegno nauseante del vestito a due tonalità dell'epilettologa, che da lontano sembra lampeggiare all'infinito la parola *prosciutto*; la conversazione stiracchiata con mio fratello l'ultima volta che abbiamo parlato; la tristezza per tutto quello che avrei potuto comunicare tanti anni fa, inudibile dagli altri, inascoltato da me, mentre discutiamo delle incoerenze nei dati, domandandoci se queste pseudocrisi non siano per Jane un modo per costringerci ad autorizzare la chirurgia (i medici odiano più di qualsiasi altra cosa la coercizione esercitata dai pazienti: di solito sono loro a esercitarla, trasformando la malattia in una forma di resistenza), come se la sua voce, che oggi brilla per l'assenza, non fosse di per sé sufficiente. Se siamo davvero presenti, allora il nostro lavoro è ascoltare.

In qualunque consulto ci sono sempre due esperti. Il paziente e il medico, il primo esperto nella conoscenza dei suoi sintomi particolari, il secondo esperto nell'indagarli: due versioni, l'una in prima persona e l'altra in terza, che si contendono lo stesso terreno concettuale. La competizione si gioca dietro la facciata della fiducia, dietro all'idea che gli obiettivi del medico e del paziente alla fine combaceranno. Ma spesso l'esito di un consulto è lo specchio delle strategie adottate per affermare l'autorità più che la necessità clinica. Nessuna mossa è proibita: la paziente, non restandole più le parole con cui appellarsi a noi, ricorre a un'inconscia esibizione drammatica di sintomi, una ribellione che si esprime in sciarade.

«Perché nessuna infermiera le parla della telemetria?»

«Sembrerebbe un attacco di panico.»

«Loro sono dell'Agenzia.»

«Un po' di latte?»

«E i margini del solco parieto-temporale?»

«Ahi!»

«Non credo alla sua semiologia.»

Tu non sei qui, Jane, ma io ti sento.

«Silenzio, per favore» dico «solo un momento.»

Si fa silenzio.

Come succede in tanti casi di comunicazione inconscia, gli effetti delle pseudocrisi sono paradossali: rivelano a noi, che non siamo addestrati a questo e siamo per lo più sordi nei loro confronti, il vero significato di questi messaggi. Ci dicono di non raccomandarla per la chirurgia, ma di prescriverle un trattamento specialistico in psicoterapia focalizzata sul trauma. È probabile che questo la sconvolga ancora di più, dandole l'impressione che la sua malattia, già troppo per la sua famiglia, non sia per certi versi sufficiente. Così, noi diventiamo un'altra famiglia che non vuole accettarla per quello che è, non vuole «adottarla», perché, sia pure nel nostro modo sistematico, ragionato ed esperto, non le crediamo.

«Diamole quello che vuole... Coraggio, solo per questa volta... Tagliate via la parte malata, è grande appena come la nocca di un dito, non *ne* sentirà molto la mancanza... Colleghi...? Per favore?» è quello che vorrei dire.

Stanze

C'è sempre una stanza con due persone.

Le stanze cambiano. Questa è un piccolo ottagono di legno rosso della California. C'è un letto nell'angolo, un altare, uno scaffale con pochi libri – un salterio, Meister Eckhart, *I fratelli Karamazov* – una piccola docking station Bose per lo smartphone. Per il resto è vuota. Siamo uno di fronte all'altro, a gambe incrociate sul cuscino da meditazione, lo Zafu.

C'è sempre una stanza con due persone, una delle due sta parlando.

«È come avere dentro un tamburo, di quelli che riempiono uno stadio, che appartiene a qualcun altro. Rulla al momento del risveglio, alle due di notte, e cresce sempre più a mano a mano che sto sveglio. Devo tenere la bocca sigillata, trattenere il respiro, altrimenti... shhh... shhh... non potrei mai sussurrare a scuola.»

Non è capace di sussurrare.

«Mi confonderei fra pensare e pensare a voce alta. Ha un nome questa cosa?»

«Ehm...»

«Mi ha provocato un sacco di guai. Gli insegnanti sentivano tutto, sentivano cose su di loro. Mia madre è uguale. È genetico?»

«Ehm...»

«Perché i monaci hanno meno probabilità di soffrire di Alzheimer?»

«Non credo che ci sia una spiegazione completa di...» Sto per rispondere, ma non me ne dà il tempo: non ha bisogno di respirare, a quanto pare. La testa rasata gli dà l'aria di uno skinhead.

«Alle sette e mezzo è quasi in cima alla gola, come se questo animale pazzo stesse agitandosi violentemente... Sono cinque ore che lo tengo dentro, per tutta la veglia, le lodi... Dice il salmista: "Mi addormento piangendo e mi sveglio ridendo" come se fosse bipolare, come se ognuno di noi attraversasse diagnosi differenti nel corso di una singola giornata... Il momento in cui esco fuori, all'aria del Big Sur, apro la bocca e respiro... BAMABAMBDANDSMASHSNHSIANASFKFENCHACHACHAA! Sai cosa voglio dire? BASHASHSSASSHSWHACHA CHACHAA!»

I muri assorbono il suono. Certo che so quello che vuol dire: è in estasi. A volte invidiamo i nostri pazienti.

Il convento è un prefabbricato, eretto l'anno precedente, per sostituire i mattoni di calcestruzzo scadente degli anni Cinquanta che si stavano ormai sgretolando (l'ordine, di origine italiana, ha più di mille anni), su un pianoro da cartolina millecinquecento metri sopra il Pacifico. Oltre a essere perfettamente insonorizzato, l'esterno, rivestito di sequoia, è tutto ricoperto da pannelli solari: monaci californiani.

«Ho bisogno di musica. Deve essere roba velocissima, non trash, non punk, come la traccia otto del primo album degli Strokes. La conosci? Se riesco a scendere giù fino alla Highway 1 – poco più di tre chilometri – a quel ritmo so che me ne libero. E se è la giornata giusta, allora poi metto *I Wanna Be Your Dog*. L'ho fatta in appena un po' più di dieci minuti una volta con quella canzone in loop. Ho continuato a urlarla a squarciagola per tutta la discesa, BABABABBABBABBBABBBABBABBA... *So messed up, I want you here.*»

Canta.

«Non tutti hanno quest'idea dei monaci» suggerisco.

Come non detto.

«Sento il calore dell'alba, sacche di freddo gelido dal mare, sento il profumo dell'anice, della marijuana delle coltivazioni nascoste là dietro. Vado al massimo, è così in discesa che tutto si solleva fino alla mia faccia. Ogni passo è gigantesco: quindici, venti, venticinque metri... Perché no? Quei *fell runners* dello Yorkshire fanno un centinaio di metri in meno di cinque secondi. È la musica, noi le chiamiamo *backing track*, ma senza di loro non risalta niente. È il nostro ritrovato per essere vivi, è in sintonia con quello che siamo, cambia tutto, T-U-T-TO.» Tace per un momento.

Cambia tutto. Anche la stanza cambia tutto. Qui, in *questa* stanza, lui riempie lo spazio: non riesco a fargli nessuna domanda. È questo che vuole?

Nella mia carriera ho lavorato all'estero in periodi diversi: soprattutto in India, ma anche in Nepal, in America settentrionale e in America centrale. Ho passato due anni in California, qualche mese a Los Angeles con bande latinoamericane e migranti transgender alla San Francisco's Mission, con i tossicodipendenti da anfetamine (shaboo, crystal meth) a Fresno e con i senzatetto nella super-ricca e senescente Carmel. «Problemi del primo mondo» dirà qualcuno.

Nel Big Sur ho lavorato con Bede. Aveva una storia psicologica complessa, che siamo appena riusciti a sfiorare. Due anni prima, ormai trentenne, era stato improvvisamente, impulsivamente preso dall'ispirazione a entrare in un antico ordine monastico, senza sapere molto dei suoi principi di fede e delle sue regole («Dipende da che cosa intendi per "Figlio", "di" e "Dio"»), e aveva preso quel nome come rito per la sua nuova identità. Ora stava decidendo se restare per tutta la vita o andarsene per fare qualcosa di diverso. Il priore diceva che, nonostante le stranezze e l'irrequietezza, gli altri monaci gli si erano molto affezionati. Più che impegnarmi in qualcosa di formalmente clinico, dovevo parlare con lui. La speranza era che con me, che ero agnostico e laico, Bede, che tendeva all'iconoclastia e allo scetticismo quando era in mezzo ai confratelli, si sentisse più libero di sondare il perimetro della propria fede, ammesso che ne avesse una. Meno esplicitamente, speravano che io partecipassi al processo che lo avrebbe portato a effettuare la professione solenne (un matrimonio monastico) alla comunità. Gli aspiranti erano pochi e andavano in una sola direzione.

«Io sono più leggero di qualunque cosa. Sento gli elefanti marini fare a testate sulla spiaggia di Sand Dollar a sedici chilometri di distanza, il verso del pellicano bruno molto al di sotto di Limekiln, i gemiti delle balene grigie a Kirk Creek, a cinquanta metri dalla riva; io sono un sistema ad alta risoluzione, un Dolby, o quello che ti pare.»

Manie di grandezza, di sicuro allucinazioni. Ma se concentrassimo a sufficienza l'attenzione sul quotidiano, chi potrebbe stabilire il limite della nostra capacità sensoriale-percettiva? Forse sentiremmo crescere l'erba o il battito del cuore dello scoiattolo.

«L'animale è in libertà. Ho abbandonato la strada, saltando alto sopra le piante di pampas e i cactus, i piedi lasciano orme profonde sulla roccia, trovano non so come un appoggio, ogni volta il posto perfetto, al ritmo della canzone. Non penso più, non un pensiero nella mia testa, ma il mio corpo pensa e fa calcoli stupendi. Mi sento stu... pendo. Il nostro corpo sa come vivere, il cervello ci rende stupidi... Hai figli?»

«Ehm, no... Mi piacerebbe un giorno, ma...» è tutto quello che riesco a dire, prima di: «Ci siamo io e i conigli, le linci, i serpenti, i puma e laggiù» indicando il mare «le foche e le balene e i grandi squali bianchi: tutti a procreare, una scopata gigantesca, un unico pianeta azzurro del sesso: ce l'abbiamo sempre in testa, tutti, tranne i monaci, perché *siamo* solo creature, Iggy Pop vuole essere un cane, lui che un cane lo è già, siamo tutti solo cani... tranne i gatti.»

Pensiero disordinato, o era soltanto l'impeto del desiderio? E che cos'è la spiritualità se non una risposta all'eccesso di desiderio?

Sopra la porta di legno rosso era intagliata una scritta:

> Siedi nella tua cella come in paradiso. Lascia
> alle spalle il mondo intero e dimenticalo.
> Sorveglia i tuoi pensieri come il buon
> pescatore sorveglia i pesci.

La fede era presente, pensai, ma una fede naturale. Non riesce a starsene seduto neppure per un momento, la mente come tanti pesci volanti. La cella lo sputa fuori tutte le mattine. Il paradiso è fuori, la vista così coinvolgente che i monaci avevano dovuto mettere dei massi a ogni tornante per impedire agli automobilisti di finire dritti dentro il Pacifico, per caso o per altre ragioni.

«... E non so come faccio ogni volta a tornare su; il mare continua semplicemente a venire. Non potrei fermarmi anche se lo volessi; non lo voglio. Se continuerò a correre in una direzione finirò in Patagonia o in Alaska. Potrei nuotare fino al Giappone... Hai fame?»

«...» Va sempre più in fretta.

«Sogno di lottare con un puma – penso che potrei prenderne uno – o di essere inghiottito da una balena come Giona, lo sogno per davvero... Viaggiare dentro di lei. Il suo stomaco deve essere grande almeno come la mia cella, giusto? All you can eat, sushi... Prossima fermata Baja, prima che mi vomiti... Non guardarmi così.»

«Come ti guardo?» vorrei dire, ma mi risponde prima che glielo chieda.

«Lo sguardo di valutazione del rischio. Per la prima volta in vita mia... Quando avevo sette o otto anni mio padre mi ha trascinato sul Simon's Seat. Non avevamo molto in comune, nessuno di noi due voleva davvero stare lì. Quando siamo arrivati in cima, si sono aperte le nuvole e improvvisamente tutte le valli e le brughiere erano lì, davanti a noi. I verdi ammaccati, i porpora sanguinanti, eccitante, tutto eccitante, e lui fa: "Allora?"... E aspetta... e aspetta... e io non dico: "Non male, papà, non male, ma non abbastanza". Però è questo che pensavo, questo è quello che volevo dire. O forse l'ho detto, perché l'ho pensato... Beh, e ora per la prima volta in vita mia, questo, *questo* è abbastanza. A volte è troppo... E allora, che altro? Che altro...?»

È difficile continuare ad ascoltare. Ci sono sempre due persone nella stanza, una delle due non riesce a smettere di parlare. Bede non era il primo tossico narcisista bipolare con ADHD – o qualunque cosa avesse – a lasciarsi inebriare dal Potere Supremo. Ma era il primo che conoscevo ad andare in convento per questa ragione. Invidiavo, li invidiavo davvero, i suoi sentimenti elevati, la sua mancanza di limiti. Chi, avendo la testa a posto, vorrebbe esserne curato?

«... Che altro?»

Alla fine si ferma. Ha il respiro affannoso, mi guarda, in attesa...

«Che altro...?» Continua a guardarmi e io penso a come i pazienti siano spesso gli alias che abbiamo immaginato: io sarei potuto diventare così.

Un'altra stanza, a East London, dove vive un Giona in carne e ossa.

Lo avevano descritto come «violento», «manipolativo», «labile», «gravemente menomato», «paranoide», «estremamente pericoloso». Mi avevano detto che non parlava inglese, tranne le poche frasi fatte e le imprecazioni che aveva captato dalla televisione. Tutto questo mi aveva forse preparato alla vista di un haitiano con una tuta di fogli d'alluminio, una bombetta enorme sulla testa, occhiali a specchio da aviatore, diverse catene d'oro sul petto nudo, stivali da cowboy con gli speroni – uno con il rialzo – che cammina con l'aiuto di un bastone nero con un teschio d'argento sul manico, che apre la porta del suo appartamento e mi abbraccia dicendo: «Benvenuto nella squadra A»? E che poi riprende a conversare in tre lingue diverse su quattro cellulari, uno dei quali era chiaramente un giocattolo? Chissà, pensai, se c'è qualcuno dall'altra parte della linea?

«*Th... th... th... that's all, folks*. È tutto, gente.» Ho pensato che stesse concludendo una delle conversazioni telefoniche, e invece era per me. Ha chiuso la porta ed è sparito.

Ho guardato dal buco della serratura e ho chiamato: «Giona? Giona?».

Nessuna risposta.

«Giona?»

«Avanti, *attraverso* il buco della serratura» ha gridato da qualche angolo della sua tana. Non è venuto nessuno e allora ho guardato.

Nella *Caduta della casa degli Usher* bisogna leggere quasi tutta la storia prima di capire che la casa eponima è l'interno di un cranio. Non così per l'appartamento di Giona nel quartiere di Walthamstow: il riconoscimento è istantaneo. Qui, nell'angusto budello di corridoio, c'è un groviglio monumentale di cavalli a dondolo, dondolini per lattanti, seggioloni, monopattini, come in una scultura vincitrice del Turner Prize che potrebbe essere intitolata «The Nanny State», ma io sapevo che Giona era uno scapolo di mezza età. In fondo, su un lato, la sua stanza da letto. Il letto consiste in cinque o sei materassi a due piazze sovrapposti, che arrivano fino a una quarantina di centimetri dal soffitto. Come il letto della *Principessa sul pisello*. Questa principessa con il piede equino (ho letto che una volta si era vestito da fata a una riunione con medici ed esperti) ha una scala a pioli alta più di due metri appoggiata su un lato per poter salire. Sul pavimento ci sono sei o sette grosse valigie piene di indumenti extra-large (soprattutto camicie con disegni di piante), flaconi di dopobarba, sifoni per il seltz, asciugacapelli, lisciacapelli (Giona è calvo), come se si stesse preparando per il giro del mondo. Non si è più mosso da Londra da quando è arrivato, oltre vent'anni fa.

Proseguendo lungo il corridoio, sull'altro lato c'è la stanza degli ospiti, così stipata, dal pavimento al soffitto, da parete a parete, di mobili antiquati, utensili industriali, attrezzi da giardinaggio, cancelleria da ufficio, scarti del luna park, una vecchia fotocopiatrice incuneata contro il soffitto, una motozappa arrugginita, un'automobilina elettrica che si arrampica su per una parete da sembrare una camera antigravità. Tutto questo aveva portato alla diagnosi neuropsichiatrica di «disturbo da accumulo» con l'aggiunta di disturbo ossessivo compulsivo, spiegato a Giona tramite un interprete. Lui si è detto d'accordo e, sempre tramite l'interprete, ha detto che si proponeva prima o poi di spedire le valigie, i seggioloni, i materassi, i mobili (quanto alla macchinina elettrica, intendeva modificarla per usarla in strada) – tutto ciarpame per un occhio non addestrato – nella Repubblica Domenicana, a Cuba, ad Antigua, a Saint Kitts, dove aveva ventitré figli, quasi tutti femmine, avuti da quindici madri diverse (ipotizzando che ciascuna di loro avesse ora una propria nidiata, se riuniti in un solo posto, tutti quei bambini avrebbero riempito un intero asilo di mini Giona, donde la collezione di tutto l'armamentario per l'infanzia nell'atrio). Loro avrebbero apprezzato tutte quelle cose preziose: «Le donne del mio paese amano il dopobarba». L'accumulo di Giona aveva dunque un senso: era il suo modo per restare aggrappato all'idea di risarcire i figli abbandonati da tanto tempo. Non era un fatto semplicemente simbolico, ma il costo della spedizione era molto più alto del valore delle merci, cosa che lui trovava insensata. La sua assicurazione non aveva ancora preso una decisione:

nella sua mente Giona era l'amministratore delegato virtuale di un'impresa da molti milioni di sterline, «La mia lesione cerebrale s.r.l.». Era al dodicesimo *case manager* in tre anni: «Sei licenziato» diceva ogni tre mesi, puntando il suo indice tozzo, l'unica frase di *The Apprentice* che capiva per davvero.

In fondo al corridoio c'è un piccolo soggiorno, reso ancora più angusto da tre grandi divani di cuoio bianco e una scrivania, su cui bisogna arrampicarsi per entrare e uscire. Ci sono tappeti di similpelle di leone, leopardo e zebra su ogni centimetro del pavimento. A un terapista occupazionale Giona aveva detto che progettava di «renderli di nuovo selvaggi» al primo ritorno in patria. Un enorme schermo televisivo piatto è sempre sintonizzato su Al-Jazeera, in arabo e con i sottotitoli. Diversi altri piccoli televisori sono sintonizzati su vari canali di musica e sport. Sepolti in mezzo a tutto quel bailamme ci sono, come in un museo creativo di tecnologie neuroriabilitative, lavagne magnetiche, diari, calendari, schede plastificate con istruzioni, palmari, dittafoni, tablet: monumenti fatidici in onore delle centinaia di ore trascorse con decine di clinici e terapisti di vario genere, che tentavano di mettere ordine nel suo mondo. Non una sola cosa aveva attecchito. Con tutti quei soldi buttati al vento, Giona avrebbe potuto comprare un'intera nave per Haiti.

Così, se la casa e le stanze *erano* il cervello di Giona, una morfologia come quella non si era mai vista prima: una lotteria delle aree di Brodmann, una camera delle torture di squisita fattura per un aspirante cartografo neuroscientifico.

Un occhio attento avrebbe anche notato le numerose telecamere a circuito chiuso negli angoli di ogni stanza. Era questa la ragione per cui il responsabile del caso di Giona mi aveva chiesto di entrare a far parte della squadra multidisciplinare. Giona si era convinto che varie persone – vecchie conoscenze in affari con lui, clinici, leader religiosi (il cast cambiava ogni poche settimane) – si infiltrassero nella sua casa quando lui era fuori, ma anche quando era dentro, a volte con la propria identità, altre sotto identità diverse o addirittura sembianze non umane – ragni, serpenti, conigli – e persino inanimate: fumo, acqua, gas tossici. Una volta entrate, portavano via oggetti preziosi – una lavagna luminosa, il formaggio, una carrozzina per bambini – oppure, più spesso, li spostavano. Il motivo, secondo lui? Per confonderlo. E questo in un uomo talmente disorientato dalle lesioni cerebrali che faceva fatica a distinguere il giorno dalla notte e aveva il profilo mnemonico di un malato di Alzheimer allo stadio più grave. Giona reagiva nel suo inglese approssimativo, lanciando contro i presunti colpevoli una sfilza di maledizioni che aveva imparato guardando i cartoni animati – «gli cuocio il cranio, lo spello, butto il cervello alle vipere; farò pietre dei loro occhi», «farò venire l'ebola ai loro figli» – gonfiando le vene del collo, spruzzando saliva dalla bocca come un geyser e divertendosi chiaramente: «Li fucilerò in una notte fredda, spaventosa, a Bucarest» (imparato a memoria da un film tratto da John le Carré).

E, per quanto possa sembrare incredibile, un esperto aveva avuto l'idea folle che cinquantamila sterline di telecamere a circuito chiuso sarebbero servite a risolvere il problema della confusione. Come se a Giona interessasse avere la prova del proprio senso della realtà. Che quella realtà fosse sostanzialmente non misurabile lo si sapeva da anni. Lui di anni ne aveva quarantadue. O sessantatré. O cinquantuno. Era di Haiti o di Cuba o della Giamaica. Si era ferito alla testa cinque anni prima cadendo da solo o forse spinto o saltando giù da un autobus in lento movimento o pedalando veloce in bicicletta. Prima di allora faceva il contabile, il meccanico, lo chef o tutte e tre le cose contemporaneamente. Aveva un'intelligenza molto superiore alla media o molto al di sotto, cosa che comunque lo situa ben al di sopra di un'altra media, quella di figlio analfabeta di contadini analfabeti... E così via. Gli esperti lo avevano esaminato in molteplici occasioni nel corso degli anni, con l'aiuto di abili interpreti. Neurologia, psichiatria, neuropsichiatria, psicologia, neuropsicologia: tutti avevano messo il becco nella compilazione del suo fascicolo e cercavano di definirlo in base alla propria particolare griglia di significato. Ma ben poco, o niente, era stato aggiunto alla comprensione collettiva. La neuropsicologia lo classificava nel primo percentile in tutti i compiti (l'omino piccolo all'estrema sinistra, con un cappello Stetson extra-large, all'estremità opposta di Michael). E le ragioni? O perché il suo cervello si era disintegrato, oppure perché Giona non capiva quei test culturalmente alieni o semplicemente perché «se ne fotteva altamente» (*Die Hard 3*?) di completare i loro rompicapi. Le sue lesioni, la sua salute mentale, il suo carattere, la sua immaginazione, il suo linguaggio, la sua cultura, la sua stanza erano un muro di gomma per i nostri esperti. Niente che cambiasse. Giona resisteva a tutto ciò che gli veniva offerto – diari, supporti per la memoria, diete personalizzate, fisioterapia, uso del computer, gruppi di sostegno per cerebrolesi, apprendimento delle abilità sociali, meditazione, yoga, farmaci –, e quello che lui chiedeva – un tagliaerba, una tiara, una vacanza in Siria («ril-ax-ante!») – gli veniva rifiutato.

Un mercoledì, in una grigia mattina più o meno identica a quella in cui qualcuno aveva cominciato a scrivere *Delitto e castigo* o qualcun altro aveva completato la sequenza genetica che ha permesso la produzione dei farmaci antiretrovirali, un esperto fece sedere Giona sul divano e lo mise di fronte alla verità: ore di filmati ripresi dalle telecamere nuove di zecca, con nessuno che gli rubava l'asciugacapelli, nessuno che mangiava il suo formaggio, nessuno che frugava nelle sue valigie o usava il suo monopattino o dormiva nel suo letto. Prove su prove per convincerlo: una realtà alla quale doveva pure arrendersi. Solo che Giona disse che le riprese erano tutte truccate: quella che si vedeva nelle immagini non era la sua stanza, ma una stanza finta: «Io la conosco la mia camera».

Quella stanza era un'impostora, voleva confonderlo. Il suo nemico usava la televisione a circuito chiuso per tenerlo d'occhio, per sapere quando non era in casa e derubarlo più facilmente: risposte che gli meritarono una nuova diagnosi, quella di schizofrenia paranoide. L'esperto aveva appena *scoperto* un altro strato da aggiungere alla sua cartella clinica, come se Hernán Cortés avesse scoperto che gli aztechi avevano la spagnola. Su mia raccomandazione, le telecamere vennero spente, per sempre: occhi ciechi dell'ennesimo gregge di elefanti bianchi intenti a sorvegliare il leone e la zebra finti nella savana del suo soggiorno.

«Che altro? Che altro posso fare per lui?»

Il dottor Burns lavorava in splendide stanze sulle rive dell'oceano. L'aria era ricca di ossigeno. I soffitti così alti che ci sarebbe entrata dentro un'intera chiesetta. In ogni stanza una parete era tutta di vetro e perciò inondata di luce solare. A metà mattina, ho pensato, uno doveva sentirsi come un insetto sul punto di essere immolato sotto la lente di ingrandimento di un ragazzino crudele. Alle spalle della sua scrivania erano appesi lauree e diplomi in cornice. Una semplice croce di legno trasportata dal mare. Un adesivo per il paraurti dell'auto con su scritto «Segui la felicità». Fotografie di lui che si tuffava fra le onde e lanciava in aria i figli, camminando scalzo sulla sabbia bianca insieme alla moglie. Tutto l'opposto dell'anonimato, rivestito di plastica, degli ambulatori in cui lavoravo io: un santuario dedicato alla personalità e alla salute.

Avevo percorso la Coast Highway con uno dei monaci per andare a trovare Burns, come me neuropsicologo, che aveva uno studio pochi chilometri a sud di Half-Moon Bay. Il monaco aveva avuto alcuni episodi improvvisi di smemoratezza e disorientamento. Burns lo interrogò con gentile precisione, accettando senza insistere le resistenze, superando le difese con cordialità e abilità. Poi ci offrì una descrizione accurata delle procedure sviluppate dalla sua «équipe» nel dipartimento di Neuroscienze dell'Università della California a Santa Cruz, dove lavorava. A conferma di quello che andava dicendo, evocò sul computer l'immagine di uno spettrale cervello rotante, così vivido che sembrava avere un'esistenza indipendente dallo schermo. Poi spiegò che, con le nuove scoperte sulla connettività, la vecchia concezione di localizzazioni specifiche era stata soppiantata da quella di reti diffuse, che «parlano letteralmente fra loro» («*letteralmente* no» ho pensato). Aveva un intero repertorio di similitudini pittoresche: «Il cervello è come un grande fiume che scorre... come un'orchestra sinfonica diretta in modo perfetto... una gigantesca colonia di formiche... le infinite correnti di un grande oceano... il volto mutevole di un bel bambino...». Mentre parlava, sullo schermo del computer si illuminavano varie reti colorate, in sincronia con le sue parole. Il futuro. *Wow.* Meraviglioso. Avrei voluto sedermi ai suoi piedi e ascoltare.

Io, a Londra, usavo una palla da tennis sudicia o, a volte, solo il mio pugno: «Immagina che questa nocca sia la tua memoria... Il cervello è come un grande cantiere di lavori sulla M25 nell'ora di punta...».

«Venite a vedere» disse Burns, facendoci cenno con la mano.

Si era messo il camice sopra la camicia hawaiana. Fece sedere il monaco su una sedia davanti a un'interfaccia, gli spalmò una goccia di gel intorno alle tempie e gli mise in testa una specie di cuffia da nuoto, da cui spuntavano decine di minuscoli fili come foglie di crescione. Burns era chino su un grande mixer. Premette con destrezza i vari pulsanti, manovrò i fader e, tenendo una cuffia su un orecchio come fosse Aphex Twin (il terzo gemello?), disse: «Vorrei che provasse a spostare l'imbarcazione verso il tramonto».

Sullo schermo, davanti al monaco, era comparsa una lussuosa barca a vela con la prua rivolta in direzione dell'orizzonte di Malibu.

«Sì, così. Niente mani. Fratello, si concentri soltanto sul movimento, più che può... Si rilassi, respiri semplicemente... Questo fa parte del nostro sistema di training bio-feedback a onde theta, dottor Benjamin.»

«Sì...»

«Dai dati longitudinali sono giunti i primi segnali incoraggianti che il sistema rafforza la riserva cerebrale.»

«Sì...»

«Si muove, Ally. Guarda, la sto muovendo» disse il monaco, felice come un bambino di sette anni nel vedere la barca veleggiare verso l'orizzonte. Una delle grandi nefandezze della vita moderna: infantilizzare i vecchi, eccitandoli con la tecnologia.

«Bravo, bel lavoro, fratello, continui a navigare» dice Burns. Poi a me: «Oltre a addestrare e a essere molto divertente, funge anche da strumento di valutazione, generando degli analoghi elettrofisiologici quantitativi multipolari».

«Ah, ah...»

Chissà come si sentono i nostri pazienti quando cominciamo a parlare così! Persino nella superevoluta California, il 22 per cento ha livelli di alfabetismo inferiori alla soglia.

«Solo una tessera del puzzle, ma può essere uno strumento potente. Tempi davvero entusiasmanti per quelli come noi.»

«Vero» rispose per mio conto una qualche parte di me. Che Burns fosse in parte cibernetico? Programmato per mixare le sue metafore?

«Che pacchetti di software utilizzate? Potrei mandarvi qualche *template* e un paio dei miei ultimi studi.»

«Ehm... Windows 97?»

Mi sono sentito obsoleto come un conciapelli o un ciabattino. Io venivo da un luogo, da delle stanze dove le persone usavano le matite e il disegno della mitria di un vescovo e una radio senza fili per valutare un cervello, dove la mensa ospedaliera serviva ancora patatine fritte e piselli in scatola e le barrette di cereali erano l'«opzione salutista». Una parte di me avrebbe voluto far ingoiare a Burns il suo cervello fantasma, metterlo dentro la sua stupida barca animata e affondarla, bruciarla, una vera e propria sepoltura vichinga, insieme alla signora Burns e ai figli. Lui era a metà fra uno sbruffone e uno autentico. Io ero in piccola parte nel giusto e soprattutto abiettamente invidioso della sua intelligenza e determinazione, della sua convinzione assoluta che ciò che faceva fosse importante. La sua palla cadeva proprio sulla linea: *chalk dust*, come si dice a Wimbledon. Il punto era suo.

In un'altra stanza, a quasi tredicimila chilometri di distanza, un bambino nudo è accasciato su un pavimento di pietra lurido. Accanto, una vaschetta di plastica con l'acqua. Con il braccio sinistro si lava. Il braccio destro, che pare parecchio più lungo, è floscio come una cordicella, le gambe, inutili, sono attorcigliate sotto di lui. Lo osserviamo strisciare e trascinarsi dall'ambulatorio alla toilette adiacente: tre minuti di sforzo estremo per percorrere dieci metri.

È nato più di otto anni fa in un villaggio rurale a venti chilometri dalla città, con una paralisi cerebrale. Questo è il suo primo appuntamento con un medico. Ha chiaramente superato la fase dell'intervento terapeutico. Il padre ci chiede quando potrà camminare normalmente. È l'unico figlio rimastogli: ne ha persi altri due in fasce.

Il successivo è un bambino di cinque anni con piedi senza dita simili a zoccoli di cavallo. La testa è piccola, ma la fronte è prominente per via dell'idrocefalo. La madre analfabeta (qui il tasso di analfabetismo si avvicina al cento per cento), non ancora diciannovenne, racconta di avere avuto dolori all'addome – indica quelli che potrebbero essere i reni – durante la gravidanza. Così era andata da un guaritore tribale nello stato di Jharkhand, che le aveva preparato un rimedio con ingredienti sconosciuti. Le deformità del figlio erano probabilmente dovute proprio a questo. Ancora una volta i genitori si aspettavano una guarigione miracolosa, che venti dita intatte stessero soltanto aspettando il momento giusto per spuntare. Come si può immaginare, cose del genere succedevano in vari ambulatori nello stesso momento sullo stesso pianeta, tutte quante facenti parte di un unico e ininterrotto esperimento: la vita.

Kedar è una ONG con sede nello stato di Orissa, nell'India orientale. Avevo lavorato con il suo team per brevi periodi nel corso degli anni durante le ferie, nella fasi fra un lavoro e l'altro e in altre pause. A fondarla era stata, venticinque anni prima, una suora italiana che aveva notato una carenza gravissima di cure locali per i disturbi neurologici infantili. Il dottor Brossard, un neurologo francese, era stato uno fra i primi ad arruolarsi. Era stato soprattutto lui, con la sua grande intelligenza e la modestia dei modi, a cercare di introdurre degli standard di professionalità occidentale in una cultura rurale, che cominciava solo allora a capire la necessità di usare metodi empirici in certi aspetti dell'esistenza. L'iniziativa era cresciuta costantemente, passando dalla stanza sopra un *dhaba* nella città di Bhubaneswar a un intero villaggio, che ora si estende su quaranta ettari di terreno agricolo, dove risiedono quattrocento bambini, a volte insieme alle famiglie, e duecentocinquanta addetti, molti dei quali, arrivati da piccoli come pazienti, erano rimasti e frequentavano, muovendosi su sedie a rotelle elementari o con stampelle enormi, i corsi di formazione per le specialità terapeutiche, oppure, se avevano disabilità più gravi, occupandosi di lavori umili. A Kedar i pazienti diventano «dottori»: nel mio paese, il Regno Unito, i dottori vivono nel terrore segreto di diventare pazienti.

Nonostante la scarsità dei finanziamenti, nonostante alcuni aspetti discutibili dell'attività clinica, spesso vaga e sempre caotica, una lotta perenne per organizzarsi secondo le direttive sulla qualità del servizio tracciate dal dottor Brossard, a Kedar fra il personale regnava un sereno ottimismo che rispecchiava quello dei bambini, al cui confronto gli ospedali britannici in cui avevo lavorato sembravano istituzionalmente depressi. I valori propugnati erano più o meno gli stessi – dedizione, cura, rispetto, compassione – ma qui, in India, quei valori emergevano dall'esperienza e dalla fede, anziché essere impressi a fuoco dagli esperti di management.

Eppure le sofferenze erano inimmaginabili. L'ultimo paziente del mattino è una bambina di nove anni affetta dalla sindrome di Sanfilippo, un raro disturbo regressivo. La portano dentro i genitori, lavoratori impoveriti, e la distendono inerte sul lettino. La bambina non controlla il collo, non vede, non sente, non parla. Ha fino a dieci crisi epilettiche al giorno, perché la famiglia non può permettersi di comprare le medicine necessarie per domare il grande male. Fino a due anni fa il suo sviluppo era stato normale. La malattia, che ha un tasso di mortalità medio nei primi anni dell'adolescenza, si porta via una a una tutte le facoltà, in ordine inverso rispetto alla loro comparsa: prima il linguaggio complesso, poi le frasi nominali, poi le parole, quindi le funzioni fino-motorie, poi le grosso-motorie – il collo, quindi il tronco, il controllo delle viscere – e così via, finché non restano che farfugliamenti e contorcimenti, e infine niente: una regressione in cui la morte prende il posto della vita, la parabola più crudele che si possa immaginare della costruzione e decostruzione del funzionamento, dell'identità, del legame genitori-figli. Nella sua breve visita il dottor Brossard non mancava di sottolineare la convinzione dei genitori che la figlia percepisse la forza del loro affetto, si sentisse almeno amata, nonostante l'assenza di qualsiasi segno esplicito di responsività. Assecondava con delicatezza questa loro fiducia, più sacerdote che medico. Non si può fare altro. Il padre, che non aveva denaro né per il medico né per i farmaci antiepilettici, finite le visite mattutine puliva a fondo l'ambulatorio con la scopa e con lo straccio, un gesto di profonda gratitudine. Là, sulla parete del calendario Kedar, ogni mese c'era la foto sorridente di un bambino deforme e sotto una citazione:

> «Noi non siamo mai più distanti di un pensiero grato dalla pace del cuore.»
> «Nel momento in cui uno si impegna davvero, anche la Provvidenza si muove.»
> «La gioia è la felicità che non dipende da ciò che accade.»

Sentimenti: una lingua franca o soltanto il limite del linguaggio. Penso alla mia coorte, a noi: iperistruiti, cercatori del piacere, protetti dalle infezioni dalla nostra cultura rarefatta, troppo ironici per permettere ai valori basilari di sopravvivere al nostro scrutinio e, per causa sua, condannati. In privato magari desideriamo credere, ma temiamo sia troppo tardi. Soltanto qui, tutto questo significa ancora qualcosa di autentico.

«Che altro?»

Non eravamo più nella stanza di Bede, ma camminavamo lungo il vialetto, in alto sopra la strada costiera. Era tardi. Non si muoveva una foglia. Bede aveva l'aria stanca, doveva essere in piedi da quindici ore. La tensione nel suo discorso si era allentata un poco. Questi sottili cambiamenti gli conferivano una qualità diversa: pensosa, addirittura elegiaca, come se le sue manie calassero con il sole.

Che altro?

Si era innamorato e ora la storia stava per finire. Può essere facile perdere la fede, dimenticare qual è stata la spinta iniziale verso una meta, il seme: una sorta di amnesia autobiografica per ciò che ci ha ispirato, una sottospecie della sindrome di Benjamin. Era come se crescere non avesse formato anelli in Bede; per mancanza di cure si può perdere anche la saggezza più profonda, quella conquistata più faticosamente. È da qui che nasce il bisogno di ripercorrere di quando in quando i nostri passi, di riscoprire un tesoro nella nostra storia delle origini, anche se quella storia ce la siamo inventata.

Che altro? Ho la tentazione di cambiare discorso, ma no... Ricordo quanto sembrava quieto e innocente Bede, quando ho finito di raccontargli la storia di Lotte, un'altra storia d'amore – e una storia che spesso mi costa fatica raccontare e spesso dimentico di ricordare –, di come lei mi abbia condotto per mano a fare ciò che faccio ora. Laggiù, molto al di sotto di noi, il mare si sollevava, le alghe ballonzolavano e sembravano tante teste d'uomini. Invidiavo il suo cuore infranto. Invidiavo il suo futuro senza legacci.

Poi mi ha detto che voleva il mio lavoro.

Fu più o meno tutto: tempo per me di andare avanti. La vita si muove attraverso stanze differenti, una serie di conversazioni: monologhi, preghiere, discussioni di gruppo, ma più che altro faccia a faccia in cui cerchiamo di modificarci l'un l'altro o di modificare noi stessi, tentando persino di scambiarci di posto. Tramutiamo le conversazioni in storie, storie con finali, finali che non esistono, perché non esistono le storie, soltanto persone che parlano.

Poche settimane dopo ho ricevuto una lettera del priore: mi informava che Bede aveva lasciato il convento. Era tornato nel Regno Unito, era andato a vivere in un monolocale in una casa popolare a East London per studiare nella vicina università pubblica e prepararsi alla sua nuova carriera. Ora le corse le faceva lungo il canale con le sue casette, i cigni non proprio immacolati, i furiosi pendolari in bicicletta e i pedoni con i loro bull terrier. Niente più tempo per starsene seduto immobile: la sera e durante il fine settimana lavorava come «tecnico» di riabilitazione, lontanissimo da casa, a cambiare pannoloni a pazienti colpiti da ictus, a sollevare quadriplegici dal letto al bagno alla poltrona e al letto di nuovo. Dopo un paio d'anni ha conseguito la laurea breve, poi quella magistrale e parecchi anni dopo un master e poi un altro ancora, tanto per non farsi mancare niente. Ha smesso di andare in chiesa, ha dimenticato tutto, tranne qualche frammento dei Salmi («Disperdili, o Signore, confondi le loro lingue. Ho visto nella città violenza e disordine»). Ha conosciuto qualcuno, due settimane dopo ha traslocato nel suo appartamento, spazioso e più luminoso di quanto avesse mai sperato. Ha ricominciato a frequentare gli Alcolisti Anonimi. L'anno dopo gli è nato un figlio, o una figlia, e ha festeggiato. Ha smesso con gli Alcolisti Anonimi. È nato un secondo figlio e Bede non è più riuscito a smettere di festeggiare, si è separato dalla madre, è tornato a vivere in un monolocale, ha incontrato un'altra donna, ha ripreso a meditare, poi ha smesso di nuovo, un giorno è entrato per caso in una chiesa ed è uscito prima dell'Eucarestia... Dodici anni dopo il paradiso, ha cominciato il suo lavoro di clinico.

Ecco: un'altra storia. In realtà non so che cosa abbia fatto. Così come lui aveva fantasticato sulla mia vita, io, ogni tanto, fantasticavo sulla sua. Finché, cioè, non l'ho dimenticato del tutto.

Tracy

Tracy entra nell'ambulatorio in cui monitoriamo i pazienti del pomeriggio con un sorriso tremulo, il passo incerto, inclinato a destra, le gambe troppo aperte, affiancata da entrambi i genitori, timorosi di una caduta. Arrivano dalla lontana Aberdeen per questo controllo, dodici mesi dopo l'incidente. Spesso la gente pensa, a torto, che più la vittima è giovane, meglio è: una convinzione dettata dall'idea dell'inarrestabile capacità di recupero di una vita che deve ancora sbocciare. E invece, nonostante la prodigiosa plasticità dei bambini, nel caso delle lesioni pediatriche spesso l'unica crescita avviene in ciò che già manca. Perdono finestre di sviluppo cognitivo, il ritardo rispetto alle pietre miliari del loro sviluppo aumenta di giorno in giorno, tanto che quando arrivano alla scuola secondaria la differenza tra un funzionamento normale e un funzionamento alterato è spesso incolmabile.

La causa era meticolosamente documentata nelle note della sua cartella clinica, come in un rapporto forense: non avrei chiesto ai genitori di ripercorrerla. Il padre aveva montato uno schermo ultrapiatto da settanta pollici sulla parete della camera da letto nella loro nuova casa con riscatto di vendita: tasselli a espansione da sette centimetri infilati con il trapano nei pannelli di truciolato, proprio di fronte al grande letto matrimoniale, con materassi a «tecnologia lunare», per un comfort perfetto. È così che ci prendiamo cura di noi stessi. Purtroppo, Tracy, la loro bambina di quattro anni, che allora non raggiungeva neppure il metro di altezza, arrivava fino al tasto di accensione con la punta delle dita. La parete sottile non resse il peso. La madre la trovò a terra, con soltanto le mani e i piedi che spuntavano dall'enorme schermo. L'immagine di un cartone animato, con Jeremy Kyle che recitava sopra il suo corpo. Figlia, madre, padre, matrimonio, famiglia, tutti annientati in un attimo da un apparecchio televisivo smisurato. Nessun bisogno di informare *questi due genitori* che la loro famiglia non sarà mai più la stessa.

Tracy credo stia cercando di parlarmi di una principessa. Farfuglia a tal punto che non riesco a capire se la madre non mi fa da interprete; il suo mondo si sta imbozzolando; i genitori sono già diventati i suoi unici decodificatori non professionali. Noto l'atteggiamento deferente del padre verso la madre, come se chiedesse ancora perdono, mentre lei non potrebbe essere più distaccata da lui e da me. Riserva tutta la propria attenzione alla figlia, senza aspettarsi più niente: è venuta in un altro ospedale perché così si usa di questi tempi. Niente più domande sulla prognosi, su che cosa succederà alla bambina nell'arco di due anni. Tutto è ormai deciso.

Tracy si è arrampicata sulle mie ginocchia. Penso che dica «Nessuno è perfetto» in uno scozzese biascicato, tirandomi la cravatta come fosse la cordicella della toilette.

«Fan di Hannah Montana» dice il padre.

«Tutto ok, dottor Benjamin?»

No, non è tutto ok. Questa è una delle due o tre occasioni nella mia carriera in cui ho pianto apertamente, incapace di controllarmi o almeno di dare l'impressione di saper gestire le mie emozioni.

«Sì. Vi prego, scusatemi.» Il papà di Tracy mi allunga la scatola dei fazzoletti di carta che è sulla scrivania.

Un televisore ha devastato il cervello di una bambina. Sono cose che succedono, sul serio, magari una volta ogni dieci anni fra tutta la popolazione. Non ci sono studi sull'argomento, ma se si riesce a immaginare la cosa e se risponde alle leggi della fisica, anche se l'incidenza è 1 su 10^8, prima o poi succederà. Questa è la cosmologia medica.

Quello che non dico a quei genitori è che la ragione delle mie lacrime non è Tracy.

Bronwen, la maggiore delle mie figlie, non aveva ancora compiuto due anni. Io allora vivevo con lei, indistinguibile da uno qualsiasi del milione di milionari dall'aspetto normale nella zona 2 di Londra, uno che lentamente cominciava a imparare a fare il padre, ma non per molto ancora. Qualche ora prima, lo stesso giorno in cui Tracy avrebbe finito per tirarmi la cravatta, Bron era seduta a tavola sul seggiolone e giocherellava con la sua colazione a base di pezzetti di mela e banana. Di norma avrei dovuto essere al lavoro. A quell'epoca ero di servizio nel reparto di neurochirurgia di un ospedale pediatrico, chiamato il «Tucano», riservato ai bambini che soffrivano di cancro, traumi e virus cerebrali, epilessie incurabili. Com'era inevitabile, i bambini e le loro famiglie, a seconda di come si mettevano le cose, facevano la spola fra il Tucano e il reparto di cura neurointensiva (per questo reparto nessun nome di animaletto da coccolare). Ci fu un tonfo leggero, quando la testa di Bronwen finì sull'asse di legno del seggiolone, dove rimase, immobile.

Fra me e la mia compagna Helen ci fu un breve diverbio se chiamare o non chiamare l'ambulanza. La nostra secondogenita, Cordelia, era nata da pochi mesi. Al momento del parto, non eravamo d'accordo su quale fosse l'ospedale più vicino (era il Royal Free a Hampstead per alcune centinaia di metri) e alla fine avevamo deciso per il Queen Charlotte vicino a Hammersmith, perché aveva una maternità nuova di zecca: avremmo partecipato alla *sua* inaugurazione. Avere due ospedali non lontano da casa non era rassicurante come può sembrare: noi non ci sentivamo né di qua né di là.

Meno di due ore prima dell'arrivo di Cordelia, Helen non era sicura di avere le doglie. Quando io dissi che forse erano cominciate, lei replicò: «Credo di no». Qualche momento dopo, quando lei sostenne che era arrivato il momento, io espressi dei dubbi. Avevamo spesso difficoltà di comunicazione, ma una delle cose che mi piacevano di lei era che la mia «dottoralità» non mi conferiva alcuna autorità fra le mura di casa. Era anche una delle cose che non mi piacevano di lei. Mi persuase a portare l'automobile davanti al portone. Quando tornai, l'argomento della discussione era cambiato...

Quella volta l'ambulanza aveva tardato un'ora. Poi ne erano arrivate due insieme, una del Royal Free e l'altra del Charlotte. A quel punto Helen se ne stava seduta sul «sacco» con una «Betty» formalmente perfetta (ho dovuto lottare non poco e con non poco vigore perché la neonata non fosse «Betty» o «Rita» o «Ivy»: nomi del tempo della guerra, nomi delle cuoche nella mia scuola del nord, ora diventati chic a Londra) tutte e due così spensierate – il cordone ombelicale che ancora le univa sembrava un accessorio esotico della moda giapponese – una mini bambola russa, sfornata dalla sua mamma più grande: ci si poteva aspettare che anche Cordelia contenesse la sua figlioletta, in proporzioni più piccole. Su ordine di Helen, ho estratto la placenta con una spatola per dolci e l'ho messa nel freezer in un sacchetto del ghiaccio per venderla al mercato agricolo locale. (Il giorno dopo sono arrivati mazzi di fiori, per fare le congratulazioni *a me* per il parto: «Bravo, dottore!» «Mani sicure!». Io non avevo fatto quasi niente, come mi ricordò Helen. Sapeva che i dottori sarebbero sempre stati i protagonisti delle emergenze femminili, i pazienti semplici comparse.)

A differenza di Bron – e della mia nascita, per quel che conta – Cordelia era piombata nel mondo come un siluro, forse a velocità eccessiva; era silenziosa, bluastra, sciocca-ta e senza fiato, cioè *non respirava*. L'ho messa a testa in giù e le ho dato qualche pacca sulla schiena, forse con troppa energia, come avevo visto fare da bambino in un episodio di *M*A*S*H**. Questa era l'unica serie con medici come protagonisti che avessi seguito, ma era stato decenni prima. Mi ero quindi perso gli aggiornamenti per il mio sviluppo professionale permanente che mi avrebbero potuto fornire *Casualty*, *ER* e *24 ore al pronto soccorso*, la mia conoscenza del pronto soccorso sospesa e limitata alle grossolane approssimazioni degli ospedali militari della guerra di Corea. Comunque, trenta secondi dopo Cordelia ha tossito e, gridando, ha inspirato per la prima volta.

Un'ora dopo, i sei o sette addetti alle due ambulanze erano seduti, come rapinatori di banche, intorno al tavolo della cucina a bere il tè, a chiacchierare di ferie estive e di lavori in cantina, mentre nell'altra stanza Helen, Bronwen e io avremmo aspettato un'altra ora che arrivasse la levatrice a tagliare il cordone ombelicale.

Perciò questa volta, con Bron che era ancora a faccia in giù nel piatto della colazione, decidemmo di non chiamare l'ambulanza. Helen guidò in silenzio per i quattro chilometri e mezzo fino al Royal Free. Io, seduto dietro, facevo quel che potevo per svegliare Bron: gridavo, la scuotevo, le versavo acqua in faccia con la bottiglia, poi riprendevo a scuoterla, sempre più forte. Le piantai le unghie, non tagliate, nella pianta dei piedi (ancora *M*A*S*H**) e spuntarono gocce di sangue dove l'avevo graffiata. Anche allora, anche mentre ero nel panico, soffrivo ed ero tutto preso dalla situazione come mai in vita mia, nella mia testa c'era ancora posto per chiedermi canagliescamente se al pronto soccorso quelle stigmate così fresche avrebbero attivato le procedure di protezione dell'infanzia e anche per stupirmi che l'ago della mente moderna, sebbene godesse di una sicurezza e una libertà inimmaginabili, gravitasse ancora verso il nord magnetico del rischio. Niente riusciva a farla muovere. Era fredda.

Helen aveva preso una via secondaria verso l'ospedale, ma era l'ora dell'entrata a scuola e su Arkwright Road la fila arrivava fino in cima alla salita. A un certo punto nella corsia opposta sbucò un'ambulanza, che superò le automobili ferme. Scesi e agitai le braccia per fermarla, ma mi passò davanti come se niente fosse. Nei momenti di stress molto forte, il cortisolo impedisce al sistema mnemonico di immagazzinare nuovi episodi. Il mio ricordo successivo è di essere sceso davanti a un passaggio pedonale all'inizio di Pond Street. Mi sono messo Bron sottobraccio come una palla da rugby sgonfia e ho preso a correre giù per la discesa in mezzo al traffico. L'ingresso dell'ospedale non era molto distante, al massimo cinquecento metri, come gli sprint che faccio oggi a intervalli regolari seguendo il mio programma di corsa, ma allora non ero così in forma. Ricordo che cercavo i cartelli del pronto soccorso. Avrei voluto gridare, ma non lo feci. Se fosse stato il mio ospedale avrei saputo subito dove andare. E invece mi ero perso in quello che sembrava lo spazio sotterraneo di un parcheggio a più piani, come in un sogno post-apocalittico. In base a quale legge l'architettura, l'anatomia e l'efficienza di un ospedale coincidono? Quale immaginazione ha sepolto i pronto soccorso nelle profondità della terra? Avrei voluto gridare, ma non potevo. Né osavo guardare il fardello freddo incuneato sotto il mio braccio, ora più sgonfio, come un salvagente bagnato.

Quella mattina ero ancora a casa perché avevamo bisticciato. Il motivo era sempre lo stesso, ma il tono era diverso, perché era la fine. La sera prima avevamo guardato insieme l'intero cofanetto di una serie. L'amica che ce lo aveva prestato aveva detto che ci sarebbe piaciuto, che era più economico del consulente matrimoniale. Era ben fatto. Quando arrivammo al terzo episodio, eravamo seduti sullo stesso divano, Helen con la testa posata sulla mia spalla. Il bacio della buonanotte era stato un bacio vero, un cordone ombelicale che risaliva a prima che tutto succedesse. Doveva essere verso mezzanotte, molto più tardi dell'ora in cui di solito andavamo a letto. Ho guardato un altro episodio da solo, uno «veloce»: non era poi *così* ben fatto. Ne ho guardato un altro e un altro, e poi un altro ancora, finché Helen è scesa giù con Cordelia e Bron. Erano le sei e un quarto, l'ora della colazione. Io ero al secondo episodio della seconda serie.

Restai a casa a dare una mano per la colazione, perché sapevo che era finita.

«Dove siamo, papà?»...

Proprio quando finalmente eravamo riusciti ad arrivare all'accettazione: c'è mancato poco che non la lasciassi cadere. L'orologio ricominciò a ticchettare. L'infermiera del triage chiedeva precisazioni. In un attimo la crisi era passata dall'essere autoevidente – una creatura morta o quasi – al suo opposto. Mi uscì di bocca un profluvio di parole urgenti che suonavano insensate, mentre cercavo di ricostruire ogni istante dell'ultima mezz'ora in una sequenza litigiosamente scrupolosa con sulle spalle una bambina di due anni dall'aria sana. Naturalmente, in me cresceva di momento in momento la pressione per cercare di persuadere l'infermiera a prendermi sul serio, un equilibrismo delicato per qualsiasi paziente: troppa urgenza, e si corre il rischio di passare per prepotenti, ipocondriaci, istrionici; troppo poca, e non si riesce neanche a farsi ascoltare. L'arte di essere un paziente è dire le cose giuste nel modo giusto – non troppo da esperto, non troppo da profano – per far scattare l'urgenza in loro: i professionisti, gli arbitri. La prima mossa esige che tu, paziente, ti controlli e abbassi il volume, finché loro non riescono a udire la tua storia e a raccontarla a te.

Sullo sfondo, Bron cinguettava in continuazione:

«Papà?... Papà-dottore?... Papà-pranzo?... Papà oh?»

E avanti e avanti, rassicurante, per le due ore d'attesa per la visita.

«Cidente e ponto colcio...? Sale *e* pepe? Mamma *e* papà...? Scooby Dooby Doo.»

Il pediatra di turno la controllò con quella che mi parve una certa noncuranza. Pensai di dirgli che mestiere facevo, dove, con chi. Pensai di scambiare qualche idea sulle possibili cause, sugli esami necessari. Non feci niente. Lui la guardò a fondo nei grandi occhi castani, li illuminò, le chiese di dire «a... a... a», le auscultò il torace («solletico»), le chiese di seguire con lo sguardo il suo dito. Il chiacchiericcio si era fermato, Bron era un angelo disceso dal cielo: timida, educata, radiosa, stoica, contraccambiata con sorrisi e strizzatine d'occhio. La civetteria comincia presto, è un modo per sollecitare l'accudimento e ridurre le possibilità di aggressione da parte degli adulti. Insieme ora, uno fra le braccia dell'altro, medico e paziente: l'immagine della salute, secondo lui.

«È stata una convulsione non febbrile. Un episodio unico con ogni probabilità. Lei sta benissimo.»

Bron sembrava il ritratto della salute.

«Con ogni probabilità?»

«Una su dieci alla seconda che è qualcos'altro.»

«Intende dire mille?»

«No, cento.»

I dottori a volte preferiscono i numeri alle parole. Danno lustro al meticoloso ragionamento probabilistico che amano pensare sia alla base della cura della nostra salute.

«Intende dire che è successo senza una ragione?»

«Nessuna ragione di cui preoccuparsi.»

Alcuni di noi preferiscono una causa a nessuna causa, cattive notizie a nessuna notizia. Il pediatra le sorrise, le fece ancora una volta l'occhiolino. Bron rispose con un sorriso radioso, si guardò le dita dei piedi, poi si girò verso di me con aria mortificata e si accoccolò sul mio petto. Mia figlia, l'attrice, l'isterica, la simulatrice.

Ero in piedi da un giorno e mezzo. L'ambulatorio pomeridiano aveva appena chiuso. Dopo Tracy, avevo esaminato un poppante finito a terra, una caduta dallo skateboard e infine un incidente stradale nel quale erano morti il padre e il fratello del ragazzo che aveva subìto il trauma... Sofferenza infinita, morte, disperazione compresse in meno di due ore.

Camminando con aria assente per i corridoi affollati, davanti alla sala operatoria mi trovai faccia a faccia con Francis, uno dei neurochirurghi pediatrici, che faceva una breve pausa dopo un lungo intervento. Era un uomo gentile, mite, introverso, niente a che vedere con il genere di neurochirurghi che avevo conosciuto. A quarantacinque anni passati gli erano nati due gemelli poco più grandi di Bron, sua moglie aveva conosciuto Helen attraverso il nido. Senza averne l'intenzione, cominciai a raccontargli quello che era successo al mattino, un aneddoto senza una battuta finale, un'altra sottospecie della sindrome di Benjamin, una storia che diventa una domanda e perciò nuove visite, perché mentre la racconti ti prende la paura che non sia ancora finita.

«Quanto tempo è rimasta svenuta? Punteggio sulla scala Glasgow del coma? Segnali di *status epilepticus*?» E giù tutta una serie domande, mentre il sorriso cortese avvizzisce un po' sulle sue labbra.

«Io la riporterei all'ospedale, Ally» disse pacato ma con insistenza. «Le farei fare uno scanning e una puntura lombare. Questi ragazzi sono bravi, ma non sempre colgono alcune delle cose che noi vediamo qui.»

Il tempo si fermò di nuovo. La seconda abominevole corsa della giornata: sette chilometri di bicicletta per tornare al Royal Free, dove mi aspettavano Helen e Bron, che avevano passato il pomeriggio a casa, avvolte nel plaid, a sgranocchiare caramelle e guardare *Scooby-Doo* (un giorno nel ruolo di malata – «Ordine del medico» – occhiolino). Non ricordo niente di quella pedalata: immobile, senza sforzo, niente traffico, niente pedoni, niente semafori, niente fermate, tutte le risorse dell'attenzione altrove o in nessun posto, come in una meditazione vipassana, in cui tutto il mondo fenomenico si annulla. Non proprio tutto: ancora lo stesso pensiero ribaldo che a creare questa emergenza ero stato io dopo la lite, per dimostrare il mio valore di padre.

«Non intendo farle un'iniezione lombare.»

Era lo stesso pediatra di prima: adesso ero pronto a prenderlo per la cravatta. Bron era in braccio a me, sbatteva le lunghe ciglia sui suoi occhioni, cercando al tempo stesso di sembrare malata.

A volte è una vera battaglia: medico contro paziente. Ci sono altre metafore oltre alla guerra (a quel punto non sembrava *metaforico*): il paternalismo, il sistema, una pièce a due voci e sempre più spesso la piazza del mercato, metafore che contribuiscono non poco a reificare la relazione. Qualunque sia la figura retorica, al cuore dell'attività medica c'è un'asimmetria, non importa quanto l'approccio sia «centrato sul paziente» o sdolcinato. Lo squilibrio è una co-costruzione: è nell'interesse del paziente sentirsi dire che è malato quando sostiene di esserlo. Il trucco sta nel trasformare la propria esperienza della malattia in una descrizione medicalmente rilevante, rendere significativa quella visita all'ospedale. Naturalmente, il medico, diventato a sua volta paziente, dovrebbe essere un esperto in questo campo, con una capacità impareggiabile di negoziare l'asimmetria da entrambe le parti, di rappresentare abilmente i sintomi della figlia con il linguaggio più appropriato, lucido, non istrionico:

«Sì, cazzo, che gliela fai la puntura lombare, *amico*...»

«No, e non minacciarmi più» interrompe «e di sicuro non le faccio la risonanza. Non ha sintomi né precedenti che lo richiedano. E poi non fa bene ai bambini di questa età. Il tuo amico...»

«Il signor Thompson, il mio *collega*, è un neurochirurgo di lunga esperienza in un ospedale nazionale.»

«Certo. Tutto quello che vede sono neoplasie di grado basso o alto, cui possono associarsi o non associarsi convulsioni sintomatiche. La sua esperienza è distorta, il suo campione non è *normale*.»

Era stato il giorno meno normale di tutta la mia vita. Ma erano stati gli ultimi rantoli di vita familiare più che la sofferenza degli altri (mia figlia inclusa) a farmi venire le lacrime agli occhi davanti a Tracy e ai suoi genitori, perché a quel fallimento si accompagnava il solito pensiero che negli anni futuri avrei perso, come effettivamente è stato, tutti quegli episodi – dal terrore alla gioia e a tutto ciò che sta in mezzo – della vita delle mie figlie e, insieme a questo, la possibilità di salvare, proteggere, influenzare, accompagnare, trattenere o peggio: in altre parole, di essere un padre, per quanto futile sia spesso questo istinto, e di essere a mia volta nutrito dall'esperienza che tutto questo comporta. A quel tempo non capivo il vero senso di quelle lacrime e temo di non averlo ancora del tutto compreso, temo che il dolore stia ancora maturando. Era il turno della famiglia Benjamin di non essere mai più la stessa.

Il pediatra aveva ragione: Francis si muoveva in acque rarefatte, il suo pane quotidiano era l'orrendo e il raro: l'uno su un milione era per lui la normalità. In termini statistici, Francis, condizionato dal suo campione globale (il lavoro lo portava per il mondo e portava il mondo a lui) era in allarme rosso per un falso negativo: la possibilità di ritenere sano un bambino malato e rinunciare a un trattamento urgente, salvavita. Questa non era una delle preoccupazioni del pediatra, che, setacciando la popolazione relativamente minuscola dei dintorni dell'ospedale, era più impensierito dai falsi positivi: la diagnosi sbagliata su un bambino sano, che i genitori ipocondriaci di Hampstead erano sempre pronti a fargli fare, e il danno collaterale di somministrare terapie dannose. Il rischio di questi due errori esiste sempre. È possibile filtrare troppo o filtrare troppo poco, anche impiegando i paradigmi più avanzati offerti dall'intelligenza artificiale californiana: anche quando tutto viene ridotto a numeri, non si può prescindere dal *wetware*, l'interazione fra l'intelletto umano e il software.

Per il momento i numeri erano una preoccupazione soltanto per il pediatra: noi eravamo rassicurati dalla sua spiegazione e confortati nella nostra metafora paternalistica. E Bron aveva proprio l'aria di stare bene: nessuna dissonanza cognitiva in lei.

In maniera analoga, un'ora prima, nel corridoio di fronte alla sala operatoria, avevo sentito il clic di una realtà diversa calare su di me, mentre Francis ipotizzava la presenza di un tumore. Aveva detto chiaramente che se fosse stata sua figlia le avrebbe fatto la risonanza e, pur con uno stile meno aggressivo, aveva parlato con la stessa convinzione del medico che ora ci stava davanti e diceva che non avrebbe fatto nessun esame se fosse stata sua figlia.

«Mia figlia», un tropo: questa gente sa davvero quello che dice? Secondo me è tutta colpa di *24 ore al pronto soccorso*, il patois per l'industria delle telecamere, l'incarnazione della sollecitudine della classe medica. Ma le relazioni non hanno un linguaggio altrettanto chiaro, non c'è regola che si possa dare per scontata, non fra medici e pazienti, né fra padri e figlie: si prenda Harold Shipman (medico e serial killer), si prenda re Lear. Ci può essere un dottore al quale non importa molto della propria figlia, ma può essercene un altro morbosamente codipendente, oppure una figlia può semplicemente essere più difficile da amare. Ma allora, qual è la verità?

«Capisce perché potrebbe essere difficile accettare le sue rassicurazioni?» Lo dico nel modo più sobrio possibile: dentro, sono in uno stato abietto, disperato di supplica.

«Sì, e non vuol dire che io non abbia ragione.»

Non eravamo i primi a restare intrappolati fra ospedali, differenziali, numeri e due medici coscienziosi più o meno simpatetici che sceglievano in modo probabilistico fra due realtà contrapposte, in altre parole, fra le *loro* figlie. Prima o poi la verità sarebbe saltata fuori. Probabilmente. Per il momento eravamo in bilico: entrambe le posizioni erano perfettamente plausibili, entrambe in qualche modo consone a ciò che pensavamo o temevamo o speravamo.

Come tutti. Noi scegliemmo la salute.

Bron era sulle ginocchia del dottore, come Tracy era stata sulle mie ginocchia poche ore prima. Eravamo di nuovo una famiglia, noi cinque: io, Helen, Bronwen, Cordelia e il pediatra di turno, che aveva *salvato* la vita di nostra figlia, sei, se si include sua figlia che ama così teneramente. Francis e la sua bambina poco amata furono dimenticati. Così come Tracy e la sua famiglia.

«Cercate di non pensarci più» disse il pediatra.

«Già fatto. Nessun problema.» Come se avessi scelta, pensai, ma non dissi.

«Lei sembra distrutto» osservò il dottore, ora non più ostile. Per la prima volta mi accorsi di tutta la stanchezza dopo una notte insonne. «È dura con due bambini sotto i tre anni, ma poi diventa più facile» commenta lui. Immaginai che Helen stesse digrignando i denti.

«E se dovesse avere una seconda crisi?» chiedo.

«Questo cambia in modo significativo il tasso di incidenza» risponde. In quel caso, Francis e sua figlia, che avevamo implicitamente deciso non fosse amata con molta convinzione, avrebbero avuto ragione fin da principio.

Eravamo di nuovo la famiglia Benjamin. Ma non per molto. Il nostro dottore rimase all'ospedale mentre noi andammo a casa. Qualche settimana dopo mi sono trasferito nella stanza degli ospiti di un amico. Come avrebbe fatto, se non l'aveva già fatto, il padre di Tracy.

Naturalmente allora non sapevo che cosa avrebbe significato la fine. Se lo avessi saputo, magari avrei cercato di resistere più a lungo. Ma almeno – e anche adesso, dopo quasi dieci anni, le lacrime sono ricacciate indietro da un sospiro di sollievo – mia figlia sarebbe rimasta al sicuro nella sua casa con la sorella, la madre e un cervello illeso.

L.

«Ci abbiamo pensato e ripensato a lungo: tutto considerato, riteniamo sia meglio cambiare i nomi.»

«Sciocchezze: lui non è uno qualsiasi, lo conoscono tutti.»

«Abbiamo esaminato ogni aspetto» dice lo psicologo convocando un'altra riunione, nella quale io dovrò tenere un breve discorso su «L.».

«Non è neppure un paziente, è un collega. Chi sono questi "noi"?»

«È stato un paziente» dice.

«La moglie e la famiglia hanno diritto alla privacy.»

«Tutti sappiamo che è lui.»

«Nascondere il suo nome non vi tratterrà dal raccontarne la storia in modo toccante.»

«Non sarà la *sua* storia.»

Gli studi sui casi sono mortiferi, tolgono vita, anziché darla. Io volevo di più per L. Un classico della psicologia clinica: cancellazione del nome, insieme a cancellature più o meno ben fatte di altre cose di interesse umano, piccoli trucchi per inaridire il tutto. (Una scelta particolarmente sconcertante era l'uso surreale della parola *mela* nelle comunicazioni dei dipartimenti per mascherare informazioni sensibili.)

«Noi abbiamo pensato che potremmo concludere con una breve meditazione.» La sua voce è sussurrante, partecipe, come un podcast della West Coast. E di nuovo quel «noi»: intende dire la sua professione, tutti quelli che hanno un atteggiamento simpatetico, quelli dal parlare sommesso, i riflessivi, i sani. Venite, venite, l'acqua è deliziosa. Provai un senso di oppressione. Il 90 per cento degli psicologi clinici – anche gli uomini – è composto di donne bianche, di classe media. A volte mi sentivo evirato. Dal lato opposto stavano i medici, i manager, i contabili; gente indaffaratissima, che non riesce a stabilire un contatto oculare. A volte mi sentivo effeminato. Lontano mille miglia da ciò che avevo sperato, tanti di quegli anni fa, quando Lotte aveva piantato il seme nella mia mente.

Erano dieci minuti di strada a piedi da Marble Arch. Era il secondo appuntamento, dopo il primo riuscito stranamente bene. In quelle occasioni io suggerivo sempre di incontrarci dal greco, a pochi passi da Edgware Road. Offriva un miscuglio seducente di *grande bouffe* rilassata. Ognuno dei dieci piatti del menu era brillante senza essere ricercato; un interno trasandato – si poteva anche trovare un calzino o uno spazzolino sotto una sedia –, una grandiosa collezione di soul in vinile, poster di personaggi di *Star Wars*, pacchetti di cartine Rizla, circuiti elettronici in disuso. Come entrare nella stanza di uno studente e scoprire che era un attempato e geniale chef-dj psichedelico, quando non se ne stava catatonico a giocare a un videogame sotto gli occhi dei clienti. Il greco mi conosceva per via di altri incontri, mi aveva aiutato come poteva, con piatti gratuiti e pizzicotti sulla guancia, doppi baci, dandomi la sensazione di essere diverso dagli altri, esotico come lui. Un fratello mediterraneo e così via. A dire la verità, il greco era un cipriota cresciuto a Penge. A dire la verità, c'erano state troppe serate imbarazzanti, deprimenti, passate qui da quando me n'ero andato dalla casa di Helen. Li ho chiamati incontri, ma era ovvio per tutti che in realtà stavo conducendo indagini in vista di un rapimento, selezionando possibili recluse per ricreare una famiglia nuova, con me al suo centro, che mi sollevasse dal sentire tutto il peso di avere perso la mia. Era ovvio per tutti, tranne che per me. Ma questo appuntamento era diverso, sembrava interessante, moderatamente. Bugia: ero eccitato. Lei era di Chicago, sveglia, ma non semplicemente *sveglia*, anche con un'anima, una «budd-ista», pronunciato con due sillabe sincopate. C'era qualcosa di piacevolmente misterioso nel suo tempismo. Al primo incontro aveva detto che cercare un compagno alla sua età (alla «nostra» età, anno più, anno meno) era come cercare un parcheggio di domenica al Waitrose: «Gli unici posti liberi sono quelli dei disabili». Aveva trovato me.

Avevo chiamato L. mentre ero per strada, una sera d'autunno nel 2016. Era la persona a cui ero più legato sul lavoro. Ero grato di avere la possibilità di sentire la mia voce descrivere lei al telefono, di consumare un po' dell'eccitazione che altrimenti avrebbe potuto sbilanciarmi in un modo o nell'altro.

Rimpiango ancora di non avere lasciato che fosse lui a parlare per primo. Dopo una delle sue tipiche pause, aveva detto: «Sei in fiamme. Che cosa sarà: acqua o benzina?».

Poi, dopo cinque minuti buoni di conversazione, gli ho chiesto come stava. Erano passate diverse settimane dall'ultima volta che avevamo chiacchierato, durante una pedalata in tarda estate sulle colline del Surrey nel periodo precedente il mio programma staliniano di bicicletta, quando ancora riuscivo a pedalare per il puro piacere di farlo.

Poi me lo disse.

L'appuntamento fu un disastro. Lei si offrì di fissarne un altro, ma non la rividi più.

L. era un assistente sociale e si stava specializzando in neurologia. Le persone come lui sono quelle che raccolgono i pezzi dei pazienti e delle famiglie dopo una diagnosi o un trauma di quelli che ti cambiano la vita, spesso organizzando programmi terapeutici complessi e graduali per il dopo dimissioni, sia a casa, adattando gli ambienti, sia in strutture specializzate. Gli assistenti sociali vengono spesso coinvolti nei processi decisionali su come sostenere le capacità funzionali del paziente o, in caso di capacità mentale inadeguata, su come contribuire a prendere le decisioni migliori. Questioni fra le più spinose e le più difficili da trattare, ma fondamentali per la qualità della vita del paziente, una volta chiarite le sue condizioni mediche. Quasi tutti scappiamo a gambe levate da questi grattacapi, anche se le nostre competenze potrebbero essere utilissime: di solito ci aspettiamo che l'assistente sociale risolva la cosa rapidamente e senza spargimenti di sangue. L. era bravissimo. Ma non era per questo che mi piaceva: le ragioni erano molto più viscerali.

Aveva qualche anno più di me, frequentava il sesto anno delle superiori quando io ero al terzo. Amava la musica – il suo genere preferito era il «dirty rockabilly» – aveva talento per lo sport, andava al lavoro con gli stivaletti a punta, mangiava ancora fish and chips, tifava per il Fulham, era appassionato di romanzi russi e film francesi e, come questi ultimi, non dialogava molto, tranne che per fare battute ironiche, originali, e a me pareva la persona più diversa possibile da un medico (avrei potuto essere un'adolescente che disegnava con la biro il suo profilo sul quaderno di matematica). Lavoravamo insieme nei casi di neuroriabilitazione postacuta, in cui i danni cerebrali, una volta stabilizzati, ricevono, per un periodo limitato, un trattamento multidisciplinare. Benché ispido e anche un po' permaloso, L. affrontava ogni caso con un interesse inusuale e perciò con profondità. Sapeva ragionare sul significato di una lesione, immaginare l'esperienza vissuta dal malato, dalla sua famiglia, l'effetto sulle loro vite cambiate per sempre. Sembra semplice, ma pochi hanno voglia di farlo e ancora meno sanno farlo senza lasciarsi intrappolare dalle proprie preoccupazioni. L. faceva di ogni paziente un caso a sé, lo rendeva vivo in un sistema in cui sarebbe altrimenti potuto passare del tutto inosservato.

La porta della sala conferenze si aprì, e con la coda dell'occhio vidi la direttrice infilarsi dentro e dirigersi verso l'ultima fila. Perfino lei aveva un debole per L.

«Se sembrerà troppo serio oppure sciocco, la colpa sarà mia, sapete che lui non è affatto così. Continuava a ripetermi che in questo posto mostruoso ci deve essere qualcuno che guarda negli angoli [imitando il cockney di L.]: "Parlo della fottuta socioeconomia dei traumi cerebrali; pensi sia una coincidenza che metà di loro sono lavoratori dell'Europa dell'Est? Sei sicuro? Tira fuori quell'altro...". Era divertente detto con la sua voce, come uno scommettitore alle corse dei cani a Walthamstow, che avesse inghiottito un dizionario di epidemiologia marxista. Voleva che pensassimo al di là dei confini della nostra preparazione clinica, per esempio a come le disuguaglianze potrebbero essere la ragione di buona parte della varianza nelle tragedie mediche (in una dozzina d'anni di formazione ho avuto un solo seminario sull'argomento). Ma in realtà non si trattava di studi formali: prima di fare questo lavoro, L. aveva già avuto una vita: camionista, attivista, gestore di night club, artista fallito. Non intendo dire che non ci siano dottori con una varietà di interessi; ne conosco alcuni che ne hanno una gamma incredibile. Ma i tempi stanno cambiando. Di recente ho fatto delle ricerche con un gruppo di controllo di studenti dei primi anni. In un breve test di conoscenza generale, quasi nessuno sapeva chi era Martin Luther King, chi aveva scritto *Dottor Jekyll e Mr Hyde*, né quale fosse la paga minima sindacale... "Chi se ne frega" direte. "Basta che mi dicano cos'è che non va." E se, coltivando superspecialisti, ci facessimo involontariamente del male? E se la loro miopia non riguardasse soltanto la cultura generale? Capite a cosa alludo? No? Quello che sto cercando di dire è che diversi aspetti fondamentali del nostro mondo sono inesplorati, innominati, incomprensibili. E come possiamo individuare, diagnosticare e curare nei nostri pazienti quello che ci è ignoto o ci è estraneo?»

Feci una pausa, bevvi un sorso d'acqua.

«Lewis non era un intellettuale, sia chiaro... Oh, accidenti! Scusate. Addio anonimato. Come se non lo sapeste... A ogni modo, L. sta per *Lewis*...»

Sentivo su di me lo sguardo dello psicologo che aveva convocato la riunione, da dietro il quadro di controllo delle luci.

«È stato un lapsus» ho immaginato di dirgli.

«Allora, chi è l'ingenuo?» ho pensato mi avrebbe risposto, con un sorriso tirato.

«Che vada a farsi fottere» sento Lewis dire. Era tornato vivo, ora era la *sua* storia, anche se non lo era.

«... Potrei dire che aveva a cuore le cose, ma a che servirebbe? Entrerebbe da un orecchio e uscirebbe dall'altro, l'abbiamo sentito dire tante di quelle volte e in modi così distorti. Perciò lo dirò in un'altra maniera: lui è stato l'unico, in tutto questo ospedale, che sembrava avere sempre tempo, anche quando non ne aveva, come un monaco o un bravo battitore. Qui, è quasi un pogo per la maggior parte del tempo: chi se ne importa dei pazienti, ci flagelliamo e ci carichiamo d'ansia ricordandoci l'un l'altro quanto sia grave la situazione, "dal punto di vista della *mia* posizione professionale", dimenticando chi e che cosa è davvero in ballo. Oppure indossiamo la nostra maschera pubblica, tesa e grave, e in modo ingarbugliato diamo le informazioni urgenti al paziente e ai suoi familiari, di solito infarcendo il tutto con eufemismi oppure svuotando in fretta il sacco, senza riflettere, con un flusso torrenziale di parole, che li lascia confusi e terrorizzati. Ma non Lewis. Anche nelle situazioni più difficili, anche quando era sotto pressione, sapeva alleviare le tensioni, usare un tocco gentile.

Avrebbe potuto essere un ottimo giocatore di cricket. I superagitati si esasperavano ancora di più che non gli si rispondesse subito, su due piedi. Ma non così per quasi tutti noi: i suoi modi ci concedevano un po' di respiro, ci consentivano di prendere le distanze quel tanto che bastava per capire quale fosse davvero il problema. E si rivolgeva sempre a ciascuno con lo stesso tono pacato, concreto, che fosse il primario o il padre disoccupato di un'adolescente in coma per crack.

«Ma questo non è, ma questo... scusi... e... ma... così... e.»

È quello che ho detto durante i primi tre minuti e mezzo allo Schwartz Round davanti a circa duecento colleghi nel maggio 2018, mentre l'estate si mangiava la primavera, come ormai succede spesso. Gli Schwartz Round erano un'iniziativa recente, copiata dagli Stati Uniti: tutto lo staff dell'ospedale si riunisce volontariamente durante l'ora di pranzo per parlare di argomenti per i quali non si trova il tempo durante la routine quotidiana – incidenti, negligenze, dilemmi etici, traumi personali –, proprio il genere di discussione che Lewis avrebbe apprezzato, anche se vi avrebbe probabilmente infilato qualcosa sui cavalli e sulle porte della sala operatoria. A proposito di «ora di pranzo», nessuno aveva un'ora e quasi nessuno pranzava. Perciò, il fatto che fossero così tanti a stiparsi lì dentro doveva pur rivelare qualcosa sulla fame psicospirituale del personale.

La situazione dell'ospedale era molto deteriorata. Qualche settimana prima il nuovo amministratore delegato, che sembrava un diciassettenne, aveva indirizzato un'e-mail a tutti i diecimila dipendenti per informarli che il Trust aveva un debito gigantesco. Erano necessari tagli drastici e si sarebbero persi dei posti, posti che spesso servivano a pagare i debiti contratti da ciascuno di noi. Qualche giorno prima dello Schwartz Round, la riunione periodica cui partecipano tutti i componenti dello staff ospedaliero, un'altra e-mail ci aveva informati che la Care Quality Commission, la Commissione per la qualità delle cure, avrebbe effettuato un controllo d'emergenza, tanto preoccupanti erano gli standard clinici dell'ospedale. Per farlo senza disturbare, si sarebbero infiltrati fra di noi, travestiti da chirurghi, infermieri, tecnici, portinai e persino pazienti: queste per lo meno erano le voci che correvano. Nell'auditorium si avvertiva il ronzio diffuso dell'insicurezza.

Il compito assegnato a me e ad altri due era di descrivere, in non più di cinque minuti, un collega che aveva avuto un influsso duraturo sulla nostra vita. Lo psicologo che aveva convocato la riunione aveva già vagliato i nostri racconti, almeno per quello che ne sapevamo. Ma fu soltanto dopo tre minuti e mezzo che mi ricordai che il mio piccolo inno all'amico, noto a tutti, era di fatto un panegirico. Cominciare una storia come se fosse un aneddoto divertente, dimenticando che si va incontro al disastro, al disgusto: la solita sindrome di Benjamin. Mi ero lasciato trasportare dalla mia voce in compagnia di Lewis e cercavo di restarci, sospeso nella sua presenza, a tre quarti del tempo a me concesso (lo psicologo era uno inflessibile), prolungando all'infinito quel momento. Una negazione palese, uno strano loop, come se quanto più a lungo fossi restato aggrappato alla sua vita, tanto più a lungo l'avrei preservata e avrei rinviato la morte (questo è ciò che le storie sanno fare), sapendo che continuare avrebbe significato andare verso un finale orribile, con lui che trascinava il suo corpo scheletrico... no, alcuni particolari devono restare assolutamente confidenziali. Dalla diagnosi alla morte in poco più di sei mesi, portandosi via tutto quello che aveva – la voce, la deglutizione, i muscoli, la mente, il respiro – in una sequenza atroce, rapidissima. Ma non era neppure da questo che rifuggivo. Tiravo in lungo perché dovevo ucciderlo in fretta, al massimo in trenta secondi, e poi, se ne avevo il fegato, parlare dell'altro effetto, meno ovvio, meno rassicurante, più profondo che aveva esercitato sulla mia carriera.

Ma non posso ucciderlo. Incollato ai «ma», incollato agli «e».

Mi rivedo, venticinque anni prima, correre verso l'aula degli esami per consegnare una tesi voluminosa, quasi cento pagine, decine di migliaia di parole, limate in quelli che mi sembravano anni. Ore 11.57. Ho tre minuti per arrivare. Corro al centro della strada, in smoking e farfallino bianco, la toga e il tocco. C'è folla nel corso, un uditorio con macchine fotografiche per il mio scatto, in realtà turisti giapponesi e americani. Salgo a balzi le scale dell'aula magna, dove un addetto alla segreteria mi aspetta e mi chiede di firmare una ricevuta, consegno il mio plico e, mentre l'orologio batte le dodici e l'anonimo mandarino mi libera del mio capolavoro, l'occhio mi cade sull'ultima parola dell'ultima frase dell'ultimo paragrafo senza punteggiatura: *e*.

Ora, per la seconda volta nella mia vita professionale, ma davanti a duecento membri della sanità pagati, le lacrime, inattese, mi rigano le guance. Ancora una volta la ragione verrà travisata, pensai.

Immagino di piangere per tutto il tempo che mi resta e poi piangere ancora, di modo che gli altri due oratori – un capo anestesista e un manager – non abbiano la possibilità di parlare del loro eroe e la riflessione prevista sia cancellata, finché dal pubblico qualcuno non venga a consolarmi, a offrirmi un fazzoletto e parole dolci, confortanti; se non che io, come Canuto, avrei continuato a piangere, come se l'esibizione del lutto fosse energizzante, come se mi fossi incarnato nello spirito di una vedova hindu dai robusti polmoni. Gli specialisti sarebbero stati i primi ad andarsene – allergici alle lacrime, e in generale alla mancanza di inibizione – seguiti dai manager, dagli uditori, dalla sicurezza, finché sarebbero rimaste solo venti-trenta persone che si sarebbero strette intorno a me, con la loro comprensione, i loro «Su... Su... Su», dondolando il capo come denti di leone davanti a un tubo di scappamento, abbracciandomi, accarezzandomi i capelli, raccontandomi le loro storie imbarazzanti e consolatorie. E io giù ancora a piangere, con giganteschi singhiozzi, naso gocciolante, capillari gonfi – le fonti del dolore ben nascoste – per cinque, dieci, quindici minuti, incapacità di controllo emotivo a livelli clinici, fino a quando tutti i cuori lì riuniti non sarebbero sconcertati, confusi, arrabbiati o semplicemente annoiati; fino a quando non se ne sarebbero rimasti che gli inservienti e i portinai, fino a quando non se ne sarebbero andati anche loro, scusandosi, lasciando me e un altro ritardatario nell'atrio, il penultimo: un paziente esterno che cerca l'ambulatorio per il suo appuntamento o un paziente di psichiatria che si è perso, oppure l'uomo sotto copertura della Care Quality Commission, incerto se spegnere la luce, finché c'è qualcuno. Allora la verità potrà cominciare.

Non era Lewis che descrivevo, ma come io lo immaginavo, la storia di come avevo bisogno che fosse. Il Lewis in carne e ossa era un'altra cosa. Come nel mio racconto allo Schwartz Round c'erano cose inventate da me, così come ce n'erano altre che invece erano successe davvero, ma che io non volevo dire al mio uditorio, perché non ero certo che nella sua benevola pietà fossero in grado di sopportare deviazioni dalla convenzione agiografica. Non ho raccontato che ogni tanto facevamo una scappata al vicino ristorante indiano, e noi due, entrambi incasinati fra l'assegno di mantenimento ai figli e l'affitto, sognavamo progetti per far soldi bevendo cinque o sei pinte di lime e soda. Una delle idee era creare un calendario o un diario lungo ottant'anni, anziché un anno solo come sempre. A ogni fine anno, il diario ti segnalava l'età media dell'inizio di tutte le malattie spaventose che ti eri appena lasciato alle spalle. Così, per esempio, il giorno del tuo diciottesimo compleanno avresti potuto dire addio, con una certa fiducia statistica, all'epilessia giovanile, alla malattia di Sanfilippo, ai tumori maligni della fossa cranica posteriore. Ma prima che tu stappassi lo champagne, il diario ti presentava le malattie nella cui orbita stavi entrando cronologicamente e statisticamente: sclerosi multipla, demenza frontotemporale, Parkinson. Poiché intorno ai settant'anni – la durata biblica – la salute precipita da una scogliera (soltanto il 5 per cento della popolazione britannica risulta avere malattie gravi, secondo i dati dei medici di famiglia, ma a settantaquattro anni la percentuale è del 50 per cento), i fogli si sarebbero all'improvviso riempiti di nuove voci, fino all'ultima pagina, che sarebbe stata lasciata sconvolgentemente vuota... I nostri reni ormai erano color verde pastello, ma noi due eravamo lanciati: doveva essere fatto bene e con un imballaggio raffinato, da vendere forse al mercato natalizio di South Bank, venticinque sterline al pezzo, i venditori vestiti da medici, con lo stetoscopio, e così via. Non avevamo neanche un pizzico di fiuto o di senso imprenditoriale. Senza che lo dicessimo, questo era il nostro modo giocoso e puerile di tenere a distanza le cose che vedevamo ogni giorno.

Rispetto a quanto previsto dal calendario, Lewis era un caso anomalo. L'inizio della sua malattia arrivò parecchi anni prima della media. Durante quegli ultimi sedici mesi ci siamo sentiti ogni tanto al telefono – finché lui era ancora in grado di farlo – ma ci siamo visti soltanto due volte. La prima, dal greco, a Natale 2016: Lewis terminale, il nostro ultimo appuntamento. Speravo che un pasto robusto lo aiutasse a mettere su un po' di peso. In superficie era sempre il solito laconico Lewis, ma dietro c'era la speranza ostinata e disperata – sempre più stridente con il passare dei giorni – che la forma fisica e il carattere gli concedessero ancora un po' di tempo. Avevamo pedalato per più di centocinquanta chilometri in sei ore appena qualche mese prima: doveva pur contare qualcosa? Parlava di noi due che tornavamo sui colli del Surrey con le nostre biciclette; parlava di completare la sua ricerca sulla comprensione multiculturale delle malattie neurologiche; ricordava un paziente con la sua stessa diagnosi, effettuata dagli specialisti nazionali al King's, che non aveva sintomi da dieci anni. Ma fra un discorso e l'altro, la malattia – una malattia che più di qualsiasi altra fa trasalire neurologi esperti – era all'opera: il cibo nel suo piatto rimase quasi intatto, il caffè gli gocciolava dall'angolo della bocca, le parole barcollavano ubriache, lui, di solito accurato nel vestire, aveva la camicia fuori dai pantaloni e le scarpe slacciate: la perdita di forza e di destrezza nella mano sinistra rendeva difficili questi compiti. Poi posò la forchetta, e quest'uomo profondamente sano e leale mi chiese, con franchezza, il mio parere sui trattamenti con le cellule staminali in Cina. La stramaledetta *Cina*! Ogni fibra del suo corpo sapeva che questo genere di pubblicità su Internet per le cure con le staminali, prive di uno straccio di conferma scientifica, sceglieva come preda gli ultimi brandelli di speranza di ricchi, poveri e disperati. *Quasi nessuno vede più miracoli tranne gli infelici.**

Spinto dal bisogno di conservarlo com'era, mi ero cacciato in un vicolo cieco. C'erano cose che avrei voluto dire in quel consesso, ma non potevo: la più urgente di tutte era la distanza fra la consapevolezza di Lewis e la sua malattia. E non potevo dirlo perché significava troppo per me. Volevo di più dal mio amico paterno dei tempi del liceo. Volevo che Lewis guardasse dritto negli occhi il suo male,

* W. Shakespeare, *Re Lear*, atto II, scena II, trad. it. di G. Melchiori, in *Teatro Completo di William Shakespeare*, a cura di G. Melchiori, Milano, Mondadori, 1990, vol. IV: *Le tragedie*, p. 665.

lo costringesse ad abbassare lo sguardo. Volevo che dicesse la verità, per quanto spaventosa. Potete anche non credermi, ma fu soltanto a metà del mio discorso che mi resi conto di non poter sopportare la sua negazione: non potevo sopportarla perché scombussolava la mia, non potevo sopportarla perché mi ricordava in molti modi mio padre (il quale, tra l'altro, non avrebbe potuto essere più diverso da lui). Nonostante tutta la mia ingenuità e il mio egoismo, so che era in gioco qualcosa di importante: come i padri ai figli, morendo bene i pazienti fanno un immenso favore ai loro medici.

L'ultima volta che l'ho visto vivo, Lewis era ricoverato qui, nel reparto geriatrico del suo stesso ospedale. Geriatrico a cinquant'anni. Le sistemazioni inappropriate stavano diventando la norma, un sintomo di nuovi tagli ai posti letto. Aveva contratto un'altra infezione polmonare, riusciva a stento a respirare. Aveva problemi cognitivi, evidenti nella sua confusione carica d'ansia. Pesava meno di quarantacinque chili. La sua struttura, muscolare fino a poco tempo prima, era stata cancellata in pochi mesi. Compresi i muscoli della bocca: il suo discorso era ormai incomprensibile. La corsia era popolata di vecchi seminudi, che vagavano qua e là come profeti dell'Antico Testamento. A un lato del suo letto c'era un ottantenne che soffriva di demenza vascolare avanzata, dall'altro un ottantottenne dall'aria ingannevolmente florida con un'infezione del tratto urinario. Tutti e due sembravano pieni di vita in confronto a lui. Il personale non gli aveva procurato i mezzi per comunicare il suo desiderio di andare a casa. Sarebbero bastati una biro e un taccuino. Lui, a questo genere di cose, ci avrebbe pensato.

Dal telefono della corsia ho chiamato il neurologo di turno. Non c'era alcun bisogno che Lewis restasse in ospedale, mi ha detto, poteva prolungare la sua vita di qualche settimana, un mese al massimo. E così, con le infermiere del pronto soccorso che ci guardavano incredule – labbra increspate, teste scosse –, l'ho spinto sulla sedia a rotelle fuori della corsia fino a un taxi e ho abbracciato per l'ultima volta il suo corpo, che già dava l'impressione di essere freddo. È morto tre giorni più tardi.

Undici giorni dopo, e due mesi prima della mia commemorazione allo Schwartz Round, è morto mio padre. A loro non ho detto neanche questo. Ho raccontato invece una storia su Lewis, non l'intera storia, ma comunque una storia, perché se avessi detto solo la verità sarebbe stata fuorviante. Così, per caso, l'ho trasformato nel ritratto di qualcuno che ha lasciato in me un segno profondo, con il suo particolare eroismo senza ambiguità, un uomo la cui morte mi aveva così commosso da non riuscire a concludere l'elogio funebre. Ho dovuto sedermi e lasciar parlare il mio dolore per me. Tutti hanno capito. Nessuno ha capito.

La morte di mio padre aveva sicuramente cambiato le cose. Ora in prima fila c'ero io. Ma la morte del mio amico, di qualcuno con un'età prossima alla mia, un *Doppelgänger*, ma in un certo senso anche un padre, aveva reso le cose ancora più drammatiche: significava che non esisteva nessuna fila. Sebbene la sua vita fosse stata per me un faro, quello che più ricordo è stato il suo modo di morire. Il mio capo mi ha consigliato di parlare con il consulente del Trust. Ho preso un appuntamento.

Il vento della negazione soffiava dentro di me in modi diversi, paradossali. Lewis aveva avuto una malattia che era la stessa o simile a quella di molti dei pazienti che vedo ogni giorno. Ma, a differenza di loro, lui lo conoscevo: fan di Gene Vincent, mancino elegante, difensore instancabile del benessere del paziente, ero legato a lui ancora prima della malattia. Poi, per un anno e mezzo, sono rimasto a guardare da lontano, mentre Lewis, sua moglie e i suoi bambini soffrivano più di quanto potessi immaginare. Qualcosa si era spezzato, la distanza stava crollando, le vecchie forme di negazione non erano più disponibili, e questo significava, mi sono detto, che mai più avrei potuto corazzarmi come prima davanti ai miei pazienti.

Solo che qualche giorno dopo ho cancellato l'appuntamento con lo specialista. E al secondo non mi sono presentato. Qualche settimana più tardi, mentre un'altra moglie raccontava fra le lacrime che il marito, con una diagnosi di malattia neurodegenerativa rapida e terminale, nel suo gioco sovreccitato e apparentemente innocente con il loro bambino di un anno – tutto un baciare, soffiare, succhiare – lo aveva morso così forte da farlo sanguinare, io non avrei pensato a Lewis e alla sua sofferenza, né a quanto mi sentivo solo e non protetto senza di lui (nessuno per aiutare a digerire l'inimmaginabile), perché mi avrebbe fatto perdere l'equilibrio e lei lo avrebbe interpretato per quello che non era. Mi rifugiai, come potei, nel meccanismo della *cura*. Presi nota dell'indispensabile valutazione dei rischi, della necessità di allertare i servizi locali per la salvaguardia dell'infanzia e infine di invitare la coppia a incontrare il nuovo assistente sociale di neurologia, chiunque fosse.

Murray

«Dunque, che cosa ha intenzione di farne, del resto della sua vita?»

Era la prima volta che sentivo una domanda del genere, a metà fra la frase fatta e una serietà che mi fece trasalire. Di certo non me l'aveva mai rivolta nessuno, né io me l'ero mai posta. Fu la sua mossa iniziale, la prima cosa che disse al nostro primo incontro in una tiepida sera di luglio, tre mesi dopo la morte di mio padre. Non me la sentivo di affrontare il «counselling» e perciò, d'accordo con la direttrice del dipartimento, avevo acconsentito alla «supervisione clinica» del dottor Simon Murray: l'etichetta fa la differenza. In passato avevo avuto molti supervisori, ma nessuno come lui. All'inizio della mia carriera dovevo recarmi a un incontro ogni due settimane. In teoria avrei dovuto continuare ancora per un'ora al mese, ma, benché io e Lewis parlassimo fra noi dei nostri casi, erano anni che non mi sottoponevo più a sedute ufficiali. Le conseguenze erano sempre più visibili: il mio lavoro, mai messo in discussione, stava ammuffendo, seguiva un modello appreso molto tempo prima, mai più aggiornato, con convinzioni limitate e limitanti su ciò che era possibile.

E, per essere del tutto franco, c'era anche dell'altro. Il mio senso del Sé si stava sgretolando: il *binding problem* era diventato personale. Di recente un mio paziente aveva smesso senza preavviso di presentarsi alle sedute. Era un uomo interessante, di buona compagnia, eccentrico e sicuramente si esprimeva con un linguaggio più elaborato di gran parte delle donne e degli uomini con cui trascorro il mio tempo. Ci ero rimasto male. Anziché cancellare i suoi appuntamenti settimanali, utilizzai quell'ora per scrivere che cosa poteva averlo allontanato dal mio studio, e ogni settimana aggiungevo al racconto altri particolari sulle pressioni cui era sottoposto, sul suo carattere, sui suoi punti di forza e di debolezza, sui suoi segreti, tanto che avevo riempito di appunti un intero taccuino. Mettere nero su bianco i miei ricordi su quel paziente, persino ricordi che non avevo, in un certo senso addolciva la perdita. E spinse anche un genio sconosciuto a schizzare fuori dalla bottiglia. Parlando di lui, avevo scoperto il partner silenzioso – o forse il prigioniero – che ritrovavo in molti miei pazienti: uno che si lascia sfuggire messaggi urgenti dal profondo, mentre la sua parte rispettabile dice che va tutto bene. Una sera la direttrice del dipartimento bussò alla mia porta ed entrò. Io ero seduto con la luce spenta, lo sguardo fisso sulla sedia vuota, il taccuino aperto davanti a me. Da fuori, le era parso di sentirmi parlare con qualcuno. Era venuta a dirmi, con i suoi modi bruschi, *realistici*, che certi interventi a lungo termine non potevano più continuare per questioni di bilancio. Le sedute con il mio paziente immaginario dovevano cessare. Fui sorpreso dalla mia manifestazione di indignazione controllata: aveva idea di quanto questo avrebbe potuto essere catastrofico per l'identità già fragile del paziente?

Se fossi il medico di me stesso e dovessi definire questo mio comportamento stravagante, citerei vari fattori predisponenti, precipitanti e perpetuanti, fra cui il logorio di un lavoro con un gruppo di pazienti che per lo più non facevano altro che deteriorarsi in modi orribili. L'unica varietà stava nella velocità, e non era più soltanto una questione di pazienti: la morte, incurante dei confini clinici, faceva irruzione senza appuntamento. E poi c'era l'atmosfera generale di disincanto e dissociazione all'interno dell'ospedale: strutture fatiscenti, servizi sul punto di collassare, l'ombra sempre più lunga dei tagli; nell'ultimo bilancio l'unico servizio con un buon margine attivo era il parcheggio. Sul grande striscione sotto cui si deve passare per entrare nel solo edificio nuovo dell'ospedale, ci sarà anche scritto «Noi promuoviamo l'eccellenza sanitaria», ma il recente verdetto della Care Quality Commission (sepolto sotto una coltre di «economichese» in una prolissa e-mail del nostro amministratore delegato, uno sbarbatello che sembra la copia maschile della blogger Zoella) parlava di una struttura «clinicamente inadeguata». Come fidarsi di qualcosa la cui autovalutazione è così lontana dalla verità? Un'istituzione che è come se fosse affetta da gravi lesioni cerebrali, un ospedale che avrebbe bisogno di cure intensive da cima a fondo.

Murray era di un'altra epoca. Più vicino agli ottanta che ai settanta, sostanzialmente in pensione, trascorreva buona parte della settimana in campagna con la fidanzata, Frieda, dedicandosi all'arte della calligrafia, alla pesca e al Qi Gong. Persone che lo conoscevano bene mi avevano detto che divideva così la sua settimana da trenta e più anni. La calligrafia era stata tanti anni prima un rimedio spirituale d'emergenza, un aiuto al recupero dopo un crollo spettacolare, quando Murray era già al quarto matrimonio e aveva una vastissima pratica privata e impegni internazionali di insegnamento. Da allora aveva vissuto nel modo più semplice possibile, mantenendo un rapporto intimo con la propria fragilità. «Ti troverai bene con lui», «È perfetto per te» mi dicevano tutti.

«Dunque, che cosa ha intenzione di farne, del resto della sua vita?» ripeté.

Lo chiedeva con semplicità, come farebbe un padre, ma nella domanda c'era anche qualcosa di retorico, come se non si aspettasse una risposta, oppure non fosse da prendere alla lettera, ma contenesse in sé una contraddizione, significati reconditi come un Kōan zen. Si chinò un po' in avanti, due occhi duri come la selce fissi su di me, che suggerivano insieme gelo e calore. La stanza dava la sensazione che vi fosse seduto da cinquant'anni, la grotta di un eremita, ogni angolo sotto il suo controllo. Pensai all'aspetto anonimo, dissociato, delle mie stanze d'ospedale, prolungamento di me stesso più o meno quanto può esserlo un arto artificiale, nuovo, mal confezionato. Dava una vera sensazione di forza il solo fatto di trovarmi lì, un luogo dove essere me stesso, mentre lui mi radiografava con delicatezza. In realtà fu di un'intensità sconcertante: avrei voluto portargli il caso di un paziente dietro cui nascondermi, ma il caso ero io.

Lasciò la domanda in sospeso per chiedere altre cose.

«La famiglia di sua madre era religiosa? Cosa significa per lei essere nato su un'isola della Scozia?»

Le domande mi erano familiari, ma suonavano diverse, forse per via delle pause o forse perché all'improvviso prendevano una piega strana.

«A che cosa pensa un istante prima di addormentarsi?»

Quelle domande erano importanti di per sé oppure erano volutamente oblique, per permettergli di leggermi in altre maniere? E il modo in cui venivano poste era sorridente e insieme autorevole – ignoravo che morbidezza e forza potessero stare così vicine –, come implicassero che non c'era niente di più serio, di più cruciale del qui e ora, di ciò che stavo per dire, solo che non era poi *così* serio. Non avevo mai incontrato prima d'allora un terapeuta con queste qualità, come se la terapia fosse cominciata nell'istante stesso in cui lui aveva aperto bocca. E la *sensazione* era che non fosse una recita.

«Perché non mi racconta un sogno?»

Non me ne veniva in mente neanche uno. O meglio, non me ne veniva in mente uno che andasse bene: non volevo essere associato a sogni noiosi. Così me lo sono inventato, ispirandomi al copione di un film che avevo scritto tempo prima, ma con aggiunte improvvisate:

> C'era una sola casa nella valle. Quella mattina mi ero svegliato e non funzionava niente, non il televisore, non il gas, non le luci. Mi mancavano quattro dita. Sapevo che era successo qualcosa di terribile al di là del luogo dove vivevamo noi. Non c'erano i miei genitori ad aiutarmi, ma io non ero più un bambino. C'erano le mie figlie: ero io il genitore.
>
> Una camminata tesa, silenziosa, per condurre le bambine in fondo alla valle. Sembra Snowdonia o le Yorkshire Dales, dove vado spesso in bicicletta. Fa un caldo insolito. Corro fino al passo per vedere cos'è successo dall'altra parte. Trascino le bambine assonnate su per la salita, ma si distraggono al minimo ronzio. Dove dovrebbero esserci pecore, edera e ginestre, ci sono risaie e aragoste.
>
> All'improvviso, sbuca fuori come dal nulla una grande strada a due corsie. Controllo il traffico: la carreggiata è libera in entrambe le direzioni. Quando le bambine raggiungono la strada, io sono già dall'altra parte, una cinquantina di metri più in alto. Scendono sulla carreggiata. Ed ecco venire a gran velocità un'automobile nera. Lancio un grido, ma loro non guardano verso di me, sono troppo abituate alla mia voce, alle mie urla. Torno indietro di corsa. L'auto fila così veloce che fischia.
>
> Mi copro gli occhi con le mani. Trattengo il fiato.
>
> Quando guardo di nuovo, l'automobile è accartocciata in mezzo alla strada, come se si fosse schiantata contro un muro d'acciaio. È vuota: né guidatore, né passeggeri. Le giro intorno e dall'altro lato vedo le bambine che si alzano, le vesti strappate, macchiate di olio nero. Cordelia ha un graffio sul ginocchio, ma sono illese e continuano spen-

sieratamente il discorso che stavano facendo mentre attraversavamo i campi.

Tiro il fiato. Ma non riesco a respirare.

«Dunque, vediamo» dice Murray, come avesse davvero intenzione di farlo. «Lei è le bambine, illese nonostante le sue peggiori paure. Lei è l'automobile senza autista. Loro sono le sue figlie ma anche i suoi pazienti. Un padre deciso con tutte le forze a trascinarle verso la vita adulta, come se la genitorialità fosse un lavoro a cottimo, da concludere alla svelta, con anni di anticipo rispetto al previsto. E intanto il mondo, in tutta la sua presenza, si perde. Le mancano quattro dita, le dita che si usano per contare con i bambini piccoli. Quattro decenni della sua vita spariti: lei è a metà ed è già ora di andare. Il sogno le chiede la stessa cosa che le chiedo io, perché è la sola domanda...»

Sembrava proprio un oracolo, in quel momento.

«Vado incontro a un naufragio. È predittivo.»

«Sta facendo di tutto per andarci. Crea le condizioni per naufragare, perché pensa che questa sia la salvezza. Ci sono segnali di una vita diversa dopo l'apocalisse: forse il televisore ha smesso di funzionare, ma la valle è rigogliosa.»

«E le mie figlie?»

«Vogliono giocare nello sporco. Se deve andarsene, allora lo faccia. È quello che fanno i padri, poi ritornano.»

«Lasciare le mie figlie?»

«Una parte di lei se n'è già andata. Può darsi che lei debba andare per poter tornare nella maniera giusta. I figli sono sopravvissuti a lei, possono sopravvivere senza di lei.»

Feci per alzarmi: dopo centinaia di appuntamenti avevo un senso estremamente preciso della durata dell'ora di clinica.

«Un ultima cosa: non finga più. Le aragoste...? Per favore. Quando una storia è troppo bugiarda, soffoca la vita che la sostiene. O almeno impari a mentire meglio, in maniera terapeutica.»

Come faceva a saperlo?
«Vada a cercarsi un posto dove rinchiudersi per un po': lasci che il silenzio faccia il suo lavoro silenzioso.»

La sensazione di avere di nuovo la terra sotto i piedi, qualcuno da cui essere contenuto, l'inizio di una conversazione che a livello profondo era in realtà una forma di permesso. Mentre tornavo a casa in bicicletta al crepuscolo, ricordo di avere visto i cesti di gerani rossi appesi sull'Albert Bridge scurirsi accanto alla luminosità intensa degli iris – uno spostamento compensatorio dello spettro noto come «effetto Purkinje» – e insieme di avere pensato che soltanto una sera su mille mi accorgo di qualcuna delle meraviglie che conosco, per non parlare poi dell'universo molto più grande delle cose che non conosco, di cui mai mi accorgerò. Astemio da anni, era come se fossi ubriaco dei poteri del dottore: l'intuizione, l'empatia, la saggezza. Come se lui avesse vissuto la mia vita e poi fosse cresciuto. In me vedeva se stesso, ne ero certo. Contenendomi dentro la sua mente, mantenendo immobile se stesso, egli mi mostrava quello che avrei potuto fare del resto della mia vita. Mi ritrovai a pedalare più forte, con il desiderio di tornare a casa e annotare tutto. Non mi era sembrato corretto farlo sul momento, soprattutto perché lui non aveva preso appunti. Non appena arrivai, scrissi tutto quello che ricordavo. Poi persi tutto ciò che avevo scritto.

Ero un po' a disagio la settimana dopo, quando lo incontrai in un pomeriggio estivo, grigio come sempre. Non capivo quali progressi sarebbero stati possibili dopo la nostra ultima seduta: era stata completa in sé.
Si dice che non si dovrebbe mai tornare a un vecchio amore estivo, e mi sembrava fosse un po' così.
Cominciò in modo generico. Gli raccontai le difficoltà che avevo a tollerare i modi bruschi di un collega. Ma non

ci mettevo il cuore. O piuttosto, percepivo che non c'era il suo di cuore, come se si fosse smarrito. Ci fu una lunga pausa, carica di niente.

«La famiglia di sua madre era religiosa?»

Un nodo alla gola, un bambino non ascoltato, non accolto. Cercai di scacciare il pensiero, ma l'ansia mi ributtò dentro, la nostra conversazione lontanissima, irraggiungibile. Più tardi mi chiese da che parte dell'Inghilterra provenissi. Peggio ancora: quella era la mente di una persona incapace di ricordare. *Lui* avrebbe dovuto prendere appunti.

Dopo due giorni di assillo telefonai dall'ospedale a casa sua nel Suffolk. Rispose Frieda. Lui era andato a comprare il latte. Dissi chi ero e che cosa facevo.

«Posso farle qualche domanda su Murray? Spero di sbagliarmi sul suo conto.»

Questa volta la stanza era la mia, e questo cambiava tutto. Lui era invecchiato e rimpicciolito rispetto a due settimane prima, gli occhi opachi, non più ipnotici. Provai la sensazione familiare di guardare un paziente scomparire lentamente e della mia impotenza, di non riuscire a fare altro che accorgermene. Era stata una recita la sua, dopotutto: l'inchino finale, il commiato.

In quest'ultimo decennio ha guadagnato terreno la teoria della riserva cognitiva. Sostiene che più è alta la funzionalità del paziente, più sono forti le sue difese contro i mutamenti neurodegenerativi. Partendo da questa premessa si è sviluppata tutta una letteratura geriatrica sugli effetti benefici delle parole crociate, del sudoku, dei lavori ai ferri, dei puzzle, dei giochi al computer e così via. Per ampliare la vita della mente? O per concederci il permesso di regredire, cui agogniamo mentre ci approssimiamo alla fine? In entrambi i casi diffido di teorie che si adattano fin troppo bene a quanto amiamo credere, e cioè che invecchiando non cambi niente. Ma con Murray seduto davanti a me, pensai a uno studio in particolare: un confronto delle riserve cognitive tra i vari mestieri, da cui risultava che i direttori d'orchestra hanno la riserva più alta. L'ipotesi degli studiosi è che questa professione si basi su reti «analitiche», «emotive» e «fisiche» che comunicano attraverso le aree associative. Una combinazione di varie facoltà che avrebbe in qualche modo una funzione protettiva: il cervello di un direttore d'orchestra è la sua sinfonia. Murray non aveva forse vissuto vite differenti, basate su una gamma diversificata di facoltà e abilità? Avrebbe dovuto avere riserve cognitive straordinarie.

La sua intelligenza verbale era prevedibilmente eccezionale, e il ragionamento percettivo straordinariamente alto per un intellettuale del suo calibro. Era un po' meno sicuro nella costruzione visiva: la sua copia di una figura geometrica complessa evidenziava una certa disattenzione, che poteva anche essere di tipo caratteriale. Ma, come mi aspettavo, non riusciva a ricordare molto della storia che gli avevo letto. Gliela rilessi – non avrei dovuto – ma speravo di sbagliarmi. Indovinò le prime parole, poi tacque, quindi cominciò a inventare, confabulando, proprio come avevo fatto io con il sogno (non riesco a non vedere me stesso, mio padre o le nostre ombre in ogni uomo che incontro). Murray vedeva una storia dove c'erano parole sconnesse, mentre altri pazienti restituiscono come parole sconnesse ciò che fa parte di un insieme significativo: il cervello che si frammenta in differenti modi verso una stessa meta, più o meno trecento tipi di demenza, che pian piano scolorano tutti nello stesso grigio.

Dopo, quando raggiungemmo Frieda nella sala d'aspetto, lui voleva sapere da me come stavo, mi chiese delle bambine, mi disse che era stato invitato a un altro convegno dopo la conferenza che aveva tenuto sull'*I Ching*.

«Congratulazioni, Murray, sono fortunati ad avere lei.»

«Ci vediamo a casa mia alla solita ora lunedì prossimo?» domandò.

Era stato docile durante i test, aveva seguito le indicazioni senza fare domande e ora cercava, in modo commovente, di riguadagnare un po' di terreno, dopo avere ceduto tutto il potere. Era crudele, ma la forza lo aveva lasciato e anch'io lo stavo lasciando.

«O preferisce martedì?»

All'improvviso era una sorta di impostore. I nostri medici non sono niente senza di noi.

«Grazie, dottor Benjamin. Venga a trovarci nel Suffolk una volta o l'altra e porti le bambine» disse Frieda al suo fianco, subito esperta nella pratica della deflessione che la malattia del compagno le avrebbe richiesto da quel momento in poi.

La teoria della riserva cognitiva era un gioco a somma zero. La contropartita della memoria tampone era che il declino, quando compariva nelle persone con una riserva cognitiva alta, lo faceva con una rapidità drammatica. La malattia era al lavoro da tempo, l'agente patogeno era probabilmente germinato verso i quarantacinque anni – la mia età ora – con vari e insidiosi biomarcatori non ancora individuabili, che si erano dati un gran daffare dietro le quinte nei successivi due decenni e mezzo, prima che Frieda si accorgesse che Murray si ripeteva più del solito e molto prima che se ne accorgesse lui stesso. E così, quando viene allo scoperto, la malattia ha già fatto gran parte del danno, la riserva è devastata, la funzionalità ridotta ormai al lumicino. L'edificio era quasi vuoto: l'ultimo ad andarsene era stato il suo orgoglio. Io gli avevo mentito con il sogno sul mio futuro, ma ora gli dicevo la verità sul suo, di futuro: facendogli la diagnosi, gettai un fascio di luce sul sentiero corto e gravido di dolore che egli avrebbe percorso senza di me. Con il nostro incontro lo avevo ucciso, e così facendo avevo anche eliminato un altro sostegno, una possibile guida per me: avevo colto qualcosa che sarebbe potuto passare inosservato o almeno essere accettato ancora per un po' e, con il mio sguardo contaminatore, avevo trasformato Murray da un artista sui generis in un vecchio folle e sciocco nel breve spazio fra una seduta e l'altra. Questo era ciò che rimaneva del resto della sua vita: lui lo aveva percepito, ora ne sono convinto, quando si era presentato, ponendomi quella domanda. E io, che cosa ne avrei fatto, del resto della mia di vita senza di lui?

Ben

Agosto. La mia stanza segna dieci gradi più di fuori, tanto bollente d'estate quanto gelida d'inverno. L'ospedale è semivuoto, gli specialisti tutti in ferie. Nessuno si ammala ad agosto: la gente o è viva o è morta. O almeno così pare. L'estate è davvero la stagione delle ferite alla testa. Ciclisti senza casco, ciclisti ubriachi, guidatori ubriachi, nuotatori ubriachi, tuffo dal palcoscenico, sesso da strafatti, pub e discesa a corda doppia, pub e bungee jumping, pub e base jumping, alcol e freebase, base jumping sessuale, alcol e freebase jumping. E poi la sottospecie delle risse fra ubriachi: un bombolone di dieci centimetri cubi ripieno di marmellata usato per prendere a pugni, per tirare calci, testate, bottigliate, mattonate, mazzate; oppure, se la lite scoppia in casa, forno a microonde, ferro da stiro, bollitore, frullatore: la Mostra della Casa Ideale dei traumi cerebrali. Tutto l'insieme fa di agosto il festival dei cervelli spappolati, delle «frenìe» andate in frantumi: WHAM!... Un *Club Tropicana* della neurologia. È come se il sole mettesse alle persone la voglia di andare in giro con la cappotta aperta. La craniectomia decompressiva trasforma i crani in cabriolet, con le sue profonde cicatrici rosate simili a tatuaggi: un quarto di luna, un'ancora, l'osso di un prosciutto, un arcobaleno un po' storto e un biglietto della lotteria per un assortimento di menomazioni cognitive e motorie. A meno che non si tratti di un polacco, di un albanese o di un magiaro, nel qual caso è sempre stagione di ferite alla testa: gennaio, febbraio, marzo, aprile, maggio, giugno, luglio, agosto, settembre, ottobre, novembre, dicembre... Ma provate a ripetere la sequenza all'indietro un mese dopo essere caduti da un'impalcatura alta sei-sette metri con un litro di vodka in corpo: non uscirete dall'autunno, ci scommetto. Per loro è sempre ottobre, al massimo settembre e, se sono sfortunati, Natale anche ad agosto.

Ha l'aria spaurita, quest'uomo di mezza età, ora ad appena qualche decina di centimetri da me, nella terra desolata davanti alla mia scrivania – stessa età, vestiti simili – solo che è dall'altra parte, dal lato sbagliato. È già stato qui molte volte, la sua cartella clinica è spessa come una guida telefonica. Talora non ci sono lesioni alla testa, né ictus, né tumore, eppure il funzionamento di un individuo può essere tanto compromesso quanto quello di un paziente neurologicamente devastato. L'unica differenza è che non mi verrebbe mai in mente di sottoporre questo poveretto alla risonanza magnetica e di aspettarmi che questa mi dica qualcosa, salvo mostrarmi un cervello materialmente diverso dal mio.

Qui dentro fa un caldo che fonde il cervello. Mentre lui cerca qualcosa in tasca, io mando un'e-mail all'amministrazione per protestare, perché la temperatura è diciotto gradi al di sopra della soglia prevista. Arriva una risposta automatica: «Il direttore tornerà dalle ferie il primo settembre». Se ci sarà rimasto ancora qualcosa a cui tornare...

Che cosa mi chiede la sua faccia? In superficie è fredda come una maschera, parkinsoniana, ma nelle profondità qualcosa si contorce, come un cavo elettrico appena tagliato. Un altro che vuole essere scoperto, compreso, raccontato e poi raccontato ancora... ma io non sono dell'umore adatto per fare il cantastorie.

«FANCULO... *POLLO*... FANCULO... *POLLO*... FANCULO... *VAFFANCULO TU*.»

Suoni smorzati dall'altra stanza: esami per la sindrome di Tourette. Una coppia di ventenni, li ho visti nella sala d'attesa quando sono andato a prendere il mio paziente: una diagnosi per due.

Lui vuole riportarmi indietro a una notte di più di venticinque anni fa, quand'era diciannovenne, a un episodio che considera cruciale nella storia della sua vita: un episodio che esprimeva gran parte di ciò che era andato storto prima e adombrava tutto ciò che era venuto dopo. Il «tentativo» aveva portato a una settimana di ricovero in un'unità di osservazione psichiatrica, in cui le sedute venivano tutte registrate, come impone la normativa sulla privacy: in parte come gestione del rischio – coloro che venivano ammessi avevano molte più probabilità di suicidarsi degli esterni (il paradosso della «custodia») – in parte a scopo di studio. Diversi anni dopo le dimissioni, i suoi amici, studenti di legge dalla mentalità litigiosa, avevano insistito perché si facesse consegnare una copia dei nastri delle registrazioni. Li ha portati con sé, ora.

«Possiamo ascoltarli?» chiede.

«CAMMELLO... *PALLE*... CAMMELLO... *PALLE*...»

Il discorso di un innamorato attraverso la parete sottile. I nastri, i suoi preziosi nastri: un messaggio inviato fino a noi da «fino a che punto le cose possono andare male», una «Essenza di disperazione» in bottiglia, per un io futuro fragile, che potrebbe essere un po' lenito dal suo profumo: come se il «brutto» di oggi potesse sembrare meno brutto accanto al «peggio» di allora. Lo infila in un vecchio registratore. Ne esce una voce, la sua voce, di un quarto di secolo fa:

> «Parole, parole, parole» è quello che dice sempre papà quando io cerco di spiegare com'è la mia testa. «Parole, parole, parole» come se ci fossero altre possibilità... Mi lancia

quello sguardo distaccato, sorridendo, sempre con quel sorriso del cazzo che gli fa brillare gli occhi come un imperatore Ming... Nessuno ha mai conosciuto così bene una faccia come io conosco la sua: le spie, i sistemi di preallarme.

Dio se sembra stanco, sconfitto, la barba di qualche giorno con chiazze grigie. Immagino il padre che lo ascolta: un filo di voce ansiosa, difficile da sentire – meno monotona, meno medicata di quella di oggi – che svuota le sue parole come quelle di un cavaliere inesistente.

Gli piace il teatro. Il semestre scorso ho curato la regia di *Re Lear*. È venuto a vederlo tre volte in due settimane, ha continuato a sorridere dall'inizio alla fine come se fosse una sitcom... Gli è piaciuto, ovvio.

«E io? Che cosa pensi di me?» Mio padre, Lear junior... Io ero Edgar; ci sono alcuni di noi che fanno gli esagitati nei giardini dei chiostri a beneficio dei turisti giapponesi, ma io temevo che il cast fosse troppo simile a quello di *Ritorno a Brideshead*, occorreva una scenografia più ruvida, più folle...

Non riesce a smettere di parlare. Il bambino traumatizzato impara che il linguaggio è sempre inefficace quando si tenta di esprimere con qualche precisione gli stati interiori, che la vita è così disperatamente frammentaria da non poter mai essere modellata e smussata in una singola narrazione, con effetti e cause limpidamente collegati. È una cosa molto più caotica: quello che un momento suona giusto, il momento dopo diventa quasi certamente illeggibile, costringendoci a infinite e prolisse approssimazioni, esagerazioni, persino falsificazioni. Che altro ci resta? Il silenzio di Cordelia? È una possibilità affascinante: se non dico niente posso dare l'impressione di capire tutto.

«COCKFOSTERS... *FANCULO*... COCKFOSTERS... *FANCULO*... COCKFOSTERS... BIRRA...»

Ho vomitato tutte e due le sere nei panni del povero Tom, me la sono fatta addosso, mi sono slogato una spalla, ho gridato tanto che un occhio mi si è riempito di sangue... Accidentalmente, ho infilato la spada tipo Excalibur nella testa di Edmund durante il duello finale, è dovuto andare all'ospedale due volte...

Parole, parole, parole? Un'altra possibilità c'è. Vado in bagno, prendo un flacone pieno di pillole e me lo svuoto in bocca. *Rock and fucking roll.*

Guarda fuori dalla finestra dell'ambulatorio verso i miserabili prefabbricati, guardiamo entrambi: la «nuova» sede dell'unità renale, circondata da erbacce e felci, come la capanna del povero Tom nella brughiera.

Solo che dopo che l'ho gettato via lo ripesco dal cestino, 60 PARACETAMOLO – a futura memoria – e torno nella camera da letto di papà.

«A futura memoria?» La sensibilità clinica fa sì che alle troupe televisive non sia permesso di avvicinarsi al reparto suicidi. Ma per alcuni questo non basta a eliminare lo spettacolo. Questi pazienti hanno una telecamera sempre accesa dentro la testa, perché in realtà non c'è rimasto un solo posto in cui le telecamere non possano entrare: un pubblico autogenerato, visto che non c'è mai stato un genitore a guardarli o ad ascoltarli.

Mi ascolti?

Una lunga pausa nel nastro.
Poi:

Mi senti?

Per un attimo i venticinque anni trascorsi dalla registrazione si disintegrano e io penso che si stia rivolgendo a me.

«FOTTAGIOSO... *FICATONA*... FOTTATONA... *FICAGIOSO*...»

Gli ho detto che cosa avevo inghiottito. Gli ho detto che volevo si concentrasse, perché non avrei fatto niente fino a quando lui non avesse dimostrato che mi ascoltava.

Penso a Edgar che impersonava il povero Tom, il matto, ed estendeva la sua recita a ogni angolo della propria vita psichica. Il nastro si è deformato con il tempo. La voce pare dica che, mentre il suo stomaco metabolizza le pillole, lui sottopone il padre a una sorta di quiz: «Su di me» dice; gli chiede di ricordare i primi regali di compleanno, le patatine preferite, i nomi dei compagni di scuola, gli animali domestici e dove sono sepolti, una sorta di test di paternità che presumo sia, come le pillole, un modo per dimostrare la propria esistenza in quel momento di gravità zero. Un quiz che il padre deve completare prima che il figlio acconsenta a essere portato in ospedale...

Ne ho abbastanza di questo dramma da quattro soldi, un altro dialogo che in realtà è un monologo istrionico infinito, infinitamente autoreferenziale. Percepisco con chiarezza quello che sta succedendo: lui mi sta prendendo in ostaggio, così come il suo io più giovane aveva rapito il padre. E questo significa che nella stanza ci sono quattro uomini furibondi che si contendono il diritto alla rabbia.

«FANCULO... *FANCULO TU*... FANCULO... *FANCULO TUTTI*...» e un quinto e un sesto, se si contano quelli della porta accanto.

Perché non siamo mai andati alla partita insieme?

Il suicidio può essere un impulso così innocente: la convinzione paradossale, vitale, che sia un tentativo per eliminare quella parte di sé che è così dolorosa, dimenticando che nell'acqua sporca c'è anche il bambino.

«L'operazione alla gamba? Te la ricordi? Rispondi giusto almeno a una domanda, papà, dimostra di essere stato attento almeno una volta.» Non sorride più adesso. È in trappola, incapace di ricordare una sola cosa di me e perciò sono in trappola anch'io. Poi scoppia a piangere: grandi singhiozzi, asciutti, senza una lacrima.

Io penso alla fine del mio turno, quando sarò al fresco, sott'acqua, nella piscina, per un'ora di silenzio. L'altra settimana è arrivata una denuncia ufficiale: un paziente sosteneva che leggevo i risultati delle partite dell'Arsenal sul cellulare mentre lui completava l'importantissimo test Matrix Reasoning... Aveva aspettato il termine della seduta per presentare le sue lagnanze. Il paziente, avevo poi scoperto, era un medico in incognito.

Era il mio secondo errore grave: il primo risaliva a quasi due decenni prima, quando avevo schiaffeggiato un violento per difendermi. Come quelle dei nostri pazienti, anche le nostre storie mediche non scompaiono. Ero in attesa di conoscere il castigo.

Cerco di non ascoltare più, ma non riesco a tagliare fuori la voce.

Fuori si gela. Lui è ancora in pigiama. C'è imbarazzo fra noi, ora che abbiamo vuotato il sacco... quasi. È una corsa breve fino all'ospedale; ci siamo già stati un mucchio di volte. Fra noi si sta ricreando la distanza. Nel tossicchiare del motore della vecchia Cortina – non vuole partire con il freddo – tutti e due sentiamo le battute che avremmo potuto fare, ma non abbiamo fatto.

«Dovrò chiedere a Ian» mi dice. Ian vive dietro l'angolo. «No, non Ian» dico io. Preferisco andare di corsa al pronto soccorso, dico... In casa sono un terrorista, appena fuori dall'uscio sono un gran vigliacco. «Non possiamo chiederlo a Ian» ribadisco.

Perché la sua voce mi è familiare: conosco questa gente, gente come lui.

Restiamo seduti in silenzio per un momento, poi lui esce dall'automobile. «Prometti che non glielo dirai?» gli grido dietro. Cinque minuti dopo siamo nell'auto di Ian. Da come mi guarda nello specchietto retrovisore so che lo sa. Vedo il suo disprezzo. E poi penso a Lee, suo figlio, quattro anni più di me: giacca di cuoio da buttafuori, due orecchini, una Capri di terza mano, niente diploma di maturità, istruttore di sollevamento pesi, calamita per le passere, pupilla degli occhi di Ian, il principe Lee di Leeds. Morto sedici mesi fa di un'emorragia al cervello. Vedo il suo disprezzo e lo sento anch'io: non lo biasimo.

È lo stesso sguardo dell'infermiera di mezz'età all'ospedale, mentre mi infila in gola un tubo di plastica appuntito, come se quello che ho inghiottito fossero dei giudizi e non delle pillole, inghiottite e digerite.

Lo sto guardando anch'io allo stesso modo, penso, venticinque anni dopo. Niente cambia.

«Non riesco a respirare, cazzo!» dico, solo che esce fuori un suono tipo «Nnnrrrnrrrnnnnccceeee», perché il tubo mi riempie la bocca e, quando finalmente l'ha ficcato giù fino alle budella, lei mi chiede se so che cosa fa il paracetamolo al fegato. Se sono mai stato in terapia intensiva. Se so quanto costa ricoverare uno come me per una notte... Come se stessi facendo un quiz. E io ho voglia di dirle che è una brutta strega cattiva, che se mai avrà un figlio spero sia fatto di bile, che può prendere la sua amata sanità e... Ma non riesco a parlare per via del tubo, devo tenere la bocca chiusa.

E in un certo senso è di questo che ho bisogno, di smettere di parlare... e di un pubblico attento che mi senta smettere, di qualcuno che mi dica che quello che ho fatto è sbagliato e di qualcuno che allo stesso tempo abbia cura di me... All'improvviso ho nove anni e sono nella mia cameretta e.

La voce si ferma di botto: «e».

Silenzio, un silenzio registrato, ipnotico ma inquieto, come se all'improvviso potesse saltar fuori una canzone extra.

«UNO, DUE, TRE, CONTA LE TETTE PER ME...» Un assolo diverso proviene dalla stanza accanto, una voce maschile.

Fuori è crepuscolo. Lui è ancora perso da qualche parte là fuori. Oltre i prefabbricati, il resto dell'ospedale è disteso come un paziente anestetizzato in attesa del risveglio, con l'anatomia sconvolta, come fosse stato riconfigurato da un chirurgo maniaco, ubriaco, seguendo le istruzioni di un consulente manageriale dismorfico: seni dentro, reni fuori, sangue che cola, malattie infettive ovunque (comprese quelle prodotte da noi, lo MRSA e l'*Escherichia coli*), polmoni collassati, amianto nella coibentazione, fegato esposto all'aria, occhi semichiusi, orecchie, naso e gola che si sono scambiati di posto, cure cardiologiche inesistenti. Psichiatria, un tugurio strapieno in un'arida terra desolata lontana da tutto. Solo il Cervello era nuovo, Nuovrologia, e svettava sopra ogni cosa: sponsorizzato, costoso, decapitato, un totem gigantesco della priorità cartesiana, dell'unicità umana, sul cucuzzolo gli elicotteri, che ci liberano dai cattivi sogni (tutt'intorno all'eliapprodo una barriera per scoraggiare eventuali saltatori), inaugurato in mezzo a un uragano da una celebrità, un ex paziente in finta emergenza, il cui ghigno spuntava da sotto le coperte della lettiga.

Il registratore – la sua macchina del tempo – si spegne con un clic. Lui estrae un'altra cassetta dalla tasca e la mette al posto di quella vecchia. Questa volta preme il pulsante per avviare la registrazione.

«Le dispiace? La mia memoria se n'è andata.»

Comincia a parlare e risale fino alla seconda metà degli anni Settanta, più vicino alle origini, alle possibili cause.

Da principio non c'era che il nome, spiega, ma che nome! Poi sentì la voce, quella contraffatta nel nastro, quella mandata al vicecommissario, con un accento stretto di Newcastle: «Sono Jack. Vedo che non avete ancora avuto la fortuna di catturarmi». «Ricorda?» mi chiede.

«UNO, DUE, TRE, CONTA I CAZZI PER ME...» dalla stanza accanto.

Questo è un territorio che conosco bene. Per una certa generazione di uomini di mezz'età, le fantasie sullo Squartatore dello Yorkshire sono quasi un idioma diagnostico specifico: deliri che emergono dal tessuto nebuloso del reale (Bollas, 1995).

Racconta che lui e i suoi amici passavano l'ora di pranzo a impersonarlo nel parco giochi. Avrebbe potuto dire alla polizia che era un'imitazione, non assomigliava neanche un po' alla sua voce... Io la ricordavo quella voce?, mi chiede. Pensavo di sì, ma il ricordo sfiorava la finzione neuropsicologica: eravamo entrambi troppo giovani allora per ricordare molto, non può esserci memoria senza il supporto di una grammatica ben sviluppata. Ma, se non era la nostra memoria, che cos'era? Di chi era?

Leeds, la sua città non era l'epicentro, ma nel 1978 l'ambito dello Squartatore dello Yorkshire era ormai grande quanto il West Yorkshire. *Quattordici, più o meno.* La Pantera Nera era sulle strade di Bradford. E Saddleworth Moor era un breve viaggio fra i monti Pennini sulla strada che portava alla casa di zia Bev. Faceva il coraggioso al parco giochi, ma si sentiva braccato; in casa non saliva da solo in camera sua se non erano accese tutte le luci. Rubò una torcia al negozio d'angolo. Poi la polizia diffuse un fotofit. Non era molto simile, ma era comunque spaventoso. E visto che poteva assomigliare a chiunque, poteva assomigliare anche a lui. Cominciò a tenere un coltello sotto il cuscino.

La mia rabbia se n'è andata. Sono come avvinto da un misto di orrore e nostalgia. Ma non era solo questo: i ricordi di mio padre stavano scomparendo così in fretta che quest'uomo, o meglio, questa figura indistinta, olografica, se ne impossessa, infestando come un parassita ciò che resta della mia figura paterna e diventando sempre più reale di momento in momento. E questo significa che la distanza fra me e il paziente si sta accorciando, che adesso siamo dalla stessa parte della scrivania.

I suoi genitori non litigavano mai apertamente; ma ogni centimetro della casetta annerita dal fumo su Stanningley Road emanava un senso di pesantezza. A volte, da dietro le porte chiuse, attraverso le pareti sottili, filtravano le cadenze delle discussioni, delle recriminazioni e della disperazione distorte e minacciose, come i titoli del telegiornale delle nove: «Idi Amin», «i Khmer rossi», i primi casi di AIDS, che lui coglieva in parte dalla sua stanzetta. Fu in questo modo che scoprì che il padre era stato fermato e interrogato dalla polizia, due volte.

Mentre la stanza da letto di suo padre e sua madre era vuota, a parte una vecchia copia di *Linda Lovelace* non più aperta da tempo in fondo a un cassetto, quelle dei genitori dei suoi amici erano una cornucopia di erotismo: riviste porno, dildo, lubrificanti, kit, e tutto a malapena nascosto. Era questo il segreto di un buon matrimonio, della genitorialità: apertura, immaginazione, soddisfazione, piacere, noncuranza con qualche limite. L'esatto contrario del loro protezionismo ansioso, segreto, vuoto. Per di più non funzionava: non c'era nessuna protezione. Il mondo mandava in onda la sua aggressività: nuovi video, messi al bando, di decapitazioni, impalamenti con martello pneumatico, palle da biliardo dentro le calze: i genitori dei suoi amici li avevano tutti in videocassetta (mentre i suoi vedevano *Gesù di Nazareth* sul Betamax) e gli amici guardavano e riguardavano le scene più crude al rallentatore, quando invitavano a casa i compagni per giocare. Nessuno gli era entrato in testa come lo Squartatore. Fra l'altro era un medico, con il martello, l'ascia e i guanti. Tutti facevano un gran parlare di apocalisse, di Armageddon, ma a lui non interessava la fine del mondo. Lui stava facendo la sua corsa agli armamenti: adesso sotto il cuscino aveva un rasoio Bic, un cacciavite, un coltello da intaglio. Una mattina, al risveglio, aveva trovato un po' di sangue secco sulle mani: si era tagliato nel sonno. Alla madre aveva detto che gli era successo a scuola.

Il padre aveva continuato a mettere su peso negli ultimi anni – probabilmente una depressione non diagnosticata – tutti quei cadaveri che lo tiravano giù. Se ne stava seduto davanti alla televisione per ore a guardare lo sport, mangiandosi una forma di formaggio e un panino a morsi, come Gulliver, le briciole annidate fra la folta barba nera, come Fred West, un altro serial killer, che mangiava cipolle crude per placare i suoi appetiti. Aveva tentato varie volte di fare jogging, esercizio che allora in quella parte del mondo era guardato per lo più con disapprovazione, ma l'omicidio seriale era un gioco per uomini giovani. E poi doveva stare al passo con la moglie, che faceva aerobica seguendo in televisione le istruzioni di una tizia soprannominata «Lizzie la Pazza» – presumibilmente un'altra psicopatica – e si era iscritta a un corso serale all'università. Sapevano tutti e due che la fine era vicina, così meglio mettersi in forma prima di ricominciare a guardarsi intorno. Praticamente, nessuno dei due era mai davvero a casa, anche quando c'era.

Il padre si alzava prestissimo, nel cuore della notte: il suo jogging era già finito prima che gli altri si svegliassero. Una notte, mentre correva in bagno senza la torcia, lui lo aveva visto da uno spiraglio della porta salire per le scale, fradicio di sudore e sangue, il ritratto della disperazione, boccheggiante come un grosso, grasso pesce in cerca d'aria.

Lui ferma il nastro. Per riprendere fiato? Siamo tutti e due sudati. Per un momento è uno shock pensare che noi, padri a nostra volta, siamo più vecchi di quanto erano allora i nostri padri.

«CRABSTICK? CRABSTICK? LA PREEEEGO...» implora il paziente della stanza accanto, rivolto al suo dottore.

Penso a quante volte le persone con questo genere di disorientamento mnemonico appaiano meno chiaramente anormali di quanto non siano in realtà: hanno un lavoro, hanno una relazione, ancora per un po', almeno. E mentre lo penso, si fa strada lentamente attraverso una fitta nebbia nordica (area 13 di Brodmann?) il pensiero di averlo già visto prima: la fronte sporgente, gli occhi spenti, i denti accavallati.

Ricomincia: ricorda la notte in cui Jacqueline Hill fu uccisa nel parcheggio dietro i negozi di Otley Road, dove sua madre era stata appena mezz'ora prima. Erano entrambe studentesse. Quella sera anche suo padre era fuori. Probabilmente prima avevano litigato, come quasi tutte le sere. Le due donne si assomigliavano. Che il padre si fosse sbagliato?

Aveva cercato di tenere sveglio il fratellino, James, più a lungo possibile nella cuccetta sotto la sua. Prima avevano giocato a ricordare le capitali, poi avevano cercato i calciatori più brutti (di solito iraniani) nel loro album della coppa del mondo. E poi: chi era il ragazzo più forte dell'anno? E la ragazza più carina? Che cosa le faresti? James si addormentava sempre per primo e lo lasciava da solo a rispondere alle proprie domande.

Era ancora sveglio quando la madre andò a letto, aveva la sensazione che non si sarebbe mai più addormentato, e poi, mezz'ora dopo, sentì i passi pesanti del padre su per le scale, si fermò in cima, la stanza dei ragazzi a destra, la sua a sinistra, a riprendere fiato...

La prima volta deve essere stato più o meno in quel periodo, quello dell'omicidio di Jacqueline Hill, il suo ultimo omicidio. Per qualche ragione, sicuramente il senso di colpa, gli aveva comprato un trenino elettrico.

Un trenino elettrico?

«Ta-dah! Che cretino!»

Quel Ben... Junction Box? Il ragazzo che si scopava i treni, quello che non ho mai incontrato? Con *quel* padre, quello che non la piantava mai di sorridere?

Si aprì la porta e il padre entrò, ancora ansimante. La sua mano cercò il coltello più grande sotto il cuscino. Serrò con forza gli occhi e smise di respirare, come si esercitava a fare da anni. Sarebbe sempre stata quella la sua strategia di fronte a un assassino: fingere di essere già morto. Era in piedi in fondo al letto, lo sentiva.

Non aveva abusato di lui? C'era questo nel suo sorriso e io non l'avevo colto?

Immaginava che il padre volesse confessarsi, togliersi un peso dal cuore. Lei, nella stanza accanto, non capiva. Nessuna donna capiva mai davvero, ed erano tante, perciò era compito suo, il compito di un figlio, sapere come ci si sentiva a essere lui. Qualunque cosa fosse o potesse essere, sarebbe stato sempre suo padre...

«Voglio aprire gli occhi, mollare il coltello, mettergli le braccia al collo, fargli capire che sarebbe andato tutto bene, che l'avrei perdonato, qualunque cosa avesse fatto...»

No, non aveva abusato di lui. Almeno, non nel senso convenzionale...

«Ma non riesco a parlare, nell'unico momento davvero importante... Così, d'ora in poi, tutto quello che avrò saranno parole vuote; parole, parole, parole, e nessuno ad ascoltarle...»

Lo Squartatore ancora vivo, tuo padre morto da quelli che sembrano anni, di nuovo estraniato da tua madre. Il ricordo di un serial killer, un modo per spiegare quanto micidialmente vuoto ti senti, un altro modo per dare al torpore della tua infanzia uno shock elettrico o un intero flacone di paracetamolo, inventandoti fantasie di parricidio che potrebbero non essere altro che un modo per resistere all'impulso – un impulso che lui ha insinuato in te – di salvarlo.

In realtà Ben non è così diverso da tutti noi. Si è ripulito per quanto gli è stato possibile, ha smesso di bere, di assumere droghe, di mangiare latticini, si è iscritto a un corso di cucina e di meditazione, e frequenta un circolo di lettura. Ma gli viene ancora da piangere davanti ai suoi figli, senza sapere perché, vive nella paura costante, semiconscia, di marchiarli irrimediabilmente, sente che il suo lavoro è diventato una pietra al collo; monogamo seriale – in qualche modo allergico all'intimità di cui è affamato – passa da una persona all'altra con velocità crescente, per paura di ferire; ha provato tutte le terapie possibili e immaginabili, ma si arrestano sempre dopo un avvio promettente; un insonne con fame compulsiva, un ipocondriaco, un negatore del malessere fissato con l'allenamento cardio, che lo spinge a correre nel cuore della notte per Hyde Park insieme a decine di altri maniaci, anch'essi usciti a quell'ora; soffocato dal passato, sulla via di perdere anche quel poco di torbida presa che ha sul presente, perché torturato dall'unico futuro che riesce a immaginare... Lasciamo stare tutti gli altri: lui è come me, se in un giorno buono dico sinceramente quanto possono essere brutti i giorni brutti.

Viene qui in cerca di aiuto, ma in realtà qualsiasi speranza di una vera trasformazione è sparita da tempo: per lui non sono altro che un orecchio disincarnato – perché qualunque cosa faccia non può sfuggire alla sensazione che tutte le possibilità della sua vita siano già state delimitate da un padre, che è sempre carnefice e vittima –, una coppia inseparabile quanto medico e paziente, un padre morto, al quale, gli dicono, assomiglia sempre più. Lui stesso padre, ma come suo padre in realtà sempre figlio (finché lui era vivo c'era almeno il permesso di restare figlio) che ha ereditato un senso profondo di essere un impostore, un senso che lo attraversa come una linea di faglia, preciso come un dato neurologico. Ed è per questo che ha inciso il nastro, un autoritratto in uno specchio convesso: ha bisogno di qualcuno che lo riconosca, che lo afferri, che lo fermi.

Si è fatto tardi, alcuni non possono essere aiutati...

Craig

... Oppure non è l'aiuto quello di cui loro sono in cerca.
«Mi serve uno psichiatra.»
«Parliamone.»
«Adesso.»
«...»
«Salute mentale? Sii serio. Questo posto è un mattatoio. Voglio vedere lo psichiatra. Voglio una risonanza.»
«Lo dirò al primario, non appena avremo finito di parlare.»
«Io non parlo. Chiamalo subito.»
«Non c'è.»
«Voglio quel cazzo di primario.»
Mi sono ricordato di lui perché, vent'anni prima, sembrava Ben, ma un Ben alla rovescia, che urlava tutto quello che Ben non riusciva a dire.
«Voglio uno di quegli scanning della MRI.»
«Non ce l'abbiamo, la MRI.»
Né la tomografia computerizzata o i raggi X o le telecamere di sicurezza o un pulsante antipanico. Lui disegna furiosamente su un foglio dell'ambulatorio. Ha un'aria da folle. La testa da skinhead, ma rasata male: chiazze pelate, ciuffi di capelli più lunghi, ulcere non rimarginate, orecchini, tatuaggi. Addosso ha un vestito in laminato mylar rosso, che uno si metterebbe solo se il mondo stesse davvero per finire.

«Mi dispiace per quello che è successo» dico.

«Continuo a dirle che tutti i pomeriggi alle tre voglio tagliarmi la testa, e lei scorda il nostro appuntamento. Se tagliassi davvero la sua, di testa, lei non lo scorderebbe. Questo posto è un mattatoio.»

Il servizio per le tossicodipendenze a entrata libera era sempre preso d'assalto, e aveva risorse molto scarse: ci sono cose che non cambiano mai o tutt'al più peggiorano. Avevo cominciato da poco il tirocinio. Lo psichiatra c'era soltanto una volta ogni quindici giorni, ed è per questo che a quel ventinovenne – mio coetaneo, allora – in preda a una crisi acuta, era stato assegnato un viceconsulente. Ma lei aveva dimenticato il suo appuntamento. Capita.

«Non ho avuto un punteggio abbastanza alto in quella tua roba lì del rischio?»

«Capisco che tu sia arrabbiato.»

«Ah, *capisci*, vero? Che genio. Annuire, annuire, annuire sempre. Nato per annuire. La mia testa manderà a puttane la tua MRI.»

Rabbia ed esagerazione: il tasso di cambio della verità eliminato per sempre. La sua rabbia sembra vecchia e insieme nuova, come un bambino di nove anni, o anche meno, nel corpo di un adulto. Vive ancora con la madre.

«Ne hai fatto uso oggi?» La mia penna è sospesa sopra i quadratini di un altro modulo sul rischio.

«Sto per usare *te*, idiota. Trovami un dottore.»

Continua a disegnare furiosamente. La rabbia infantile come mezzo per recuperare la prevedibilità di un genitore spaventosamente incoerente nel suo amore, la rabbia come mezzo per ottenere un rifiuto o una chiusura, perché la situazione è così disperata che qualsiasi forma di certezza è preferibile.

«Tu non hai mai visto un cervello come questo prima d'ora.»

E se la rabbia fosse in realtà un modo per smettere di sentire? La paura della disintegrazione, della pazzia, come se la sensibilità aggredisse se stessa e in tal modo diventasse meno sensibile (Eigen, 2004).

«Avanti, mettimi dentro la tua grossa cassa da morto metallica.»

Vuole una MRI: benissimo, che si metta in fila. Con ogni probabilità, molti disturbi difficili da spiegare affondano le radici in qualche aspetto dell'interazione con la madre nella prima infanzia – la tossicodipendenza, la sindrome postconcussiva, l'intestino irritabile, l'ADHD, la stanchezza cronica, gli attacchi non epilettici, i disturbi della personalità – e tuttavia, sono le spiegazioni neurologiche e genetiche a essere sempre più ricercate. Noi non siamo abbastanza. Vogliamo che il nostro cervello ci salvi da questa carenza. E allora... pazzia, perché a volte le persone vogliono una diagnosi e una cura più di qualsiasi altra cosa, incluso l'essere capiti. La pazzia. Come una madre gonfiabile, a grandezza naturale: per quanto irreale, logoro e insoddisfacente, è pur sempre un modo per essere tenuti in braccio.

Spinge verso di me il foglio con i disegni.

«*Coloralo*» mi dice.

Un diagramma di Venn di una complessità spaventosa, disegnato in modo approssimativo, come un simbolo olimpico che abbia subìto una mutazione. Grandi cerchi sovrapposti, con dentro altri cerchi che si intersecano fra loro e i con cerchi più grandi. Qua e là ci sono dei numeri, da 1 a 35. Accanto a ciascun numero una chiave di lettura.

Al centro ci sono diversi disturbi dell'Asse I che si intersecano: depressione clinica, disturbo generalizzato di ansia, disturbo del panico, agorafobia, disturbo ossessivo compulsivo. Intorno a questi c'è un gruppo di disturbi dell'Asse II: disturbo borderline della personalità (con accanto un punto di domanda), disturbo da personalità istrionica e narcisistica. Poi c'è l'ADHD da adulto, circoscritto dalla bulimia, che si sovrappone a diversi disturbi connessi con l'abuso di sostanze: alcol, cocaina, ecstasy, ketamina, ayahuasca, anfetamine, skunk, oppio, colla. Vicino c'è un cerchio fantasma: convulsioni (alcoliche o epilettiche?), sindrome di Korsakoff, demenza alcolica, cambiamenti cognitivi associati a droghe di classe A, con tre punti di domanda. Dal lato opposto ci sono lesioni al cervello da lievi a moderate e sindrome postconcussiva, connesse entrambe all'ansia e alla depressione e, tramite una riga fatta di puntini, a demenza precoce, crisi e alcol. Poi la psicosi: «Primo episodio: dieci anni fa. Secondo episodio: ADESSO?». In un angolo c'è tutta una serie di punti di domanda, titoli senza specificazioni: «Trigger? Stressori? Strutture genetiche? Intossicanti prenatali/perinatali/traumatici? Abusi in età infantile? (Sessuali? Fisici? Trascuratezza?)». Intorno a ogni cerchio un semicerchio, con la definizione «disturbo da disregolazione acuta da attaccamento», che non avevo mai sentito nominare prima.

E proprio in mezzo – l'omega, l'epicentro, il punto cieco, vuoto, contenuto da tutti i cerchi – non un numero, non una etichetta, ma soltanto una «C» per Craig, il suo nome (anche se a me non sembra un Craig): incidenza di 1, prevalenza di 1, morbilità ignota, un nodo gordiano di complessità diagnostica per un singolo individuo, una formulazione dal vivo a cinque dimensioni, il premio Nobel della patologia, il suo capitolo nel *Manuale diagnostico e statistico dei disturbi mentali* (*DSM*), la frontiera collettiva di psicologia, psichiatria, biologia, neuroscienze, psicoanalisi, etologia. Fra non molto porterà il suo nome una delle aree di Brodmann, poi una sindrome, poi una strada, poi un francobollo con il suo cervello di profilo: «Morbo di Craig», l'olimpo della pazzia, una sindrome di pura autoreferenzialità.

Nonostante le richieste singolari e una rabbia eccezionale, quell'uomo mi sembrava piuttosto familiare, come se lo avessi già incontrato tante altre volte. Quel genere di eccezionalismo era quasi la condizione dell'essere un paziente. Ciascuno di noi contiene l'intero *DSM*, ma ci sentiamo in dovere di rendere in qualche modo speciali i nostri mali, proprio nostri, altrimenti resterebbero spaventosamente separati da noi. Vista così, la malattia è soltanto un altro prodotto per esprimere ciò che siamo, come un'automobile, un taglio di capelli o le movenze di un ballo, segni della nostra libertà, trionfi dell'individualismo. Il guaio è che esauriamo presto i prodotti: il catalogo del *DSM* manca di varietà e ci costringe a inventare nuove fogge per non mandare a picco il nostro senso del Sé, per darci nomi che siano soltanto nostri. Un mio amico medico aveva una figlia che frequentava una classe molto numerosa in una scuola primaria di Hackney. Sul registro l'ultima scolara dell'elenco si chiamava Unique. Un giorno arrivò una scolara nuova, anche lei di nome Unique: Unique II. Allo stesso modo, quando contatto l'amministrazione perché trovo un errore nello stipendio, scopro che ci sono altri tredici «A. Benjamin» nel libro paga del Trust. Dunque, «morbo di Craig» (Craig? Suvvia! È il nome proprio più comune inserito nel *DSM-6* (edizione 2021) immediatamente dopo «sindrome di Benjamin». Definizione: «Ossessione per la singolarità della propria diagnosi e insieme timore che qualsiasi diagnosi specifica sia troppo limitante». In altre parole, il modo che ha la pazzia per avere la botte piena e la moglie ubriaca. Unicità terminale.

Il metodo scientifico ci fornisce un antidoto alla complessità bislacca e alla razionalizzazione.

«Senti, Craig, questo è un centro per il trattamento delle dipendenze. Chiamiamo il tuo complicato grafico "Ipotesi A" e il comune alcolismo "Ipotesi B". Ora, siccome io non capisco l'Ipotesi A, prendiamo in considerazione l'Ipotesi B per un momento.» Questo è quello che vorrei dire. Invece, esamino metodicamente a uno a uno i suoi cerchi diagnostici e su ognuno faccio una crocetta proprio come chiedeva lui. In questo modo garantisco che il dipartimento venga pagato per il servizio che ho reso e creo una storia medica indelebile, che in futuro potrà essere consultata soltanto dai medici, dai poliziotti, dagli assicuratori e dai potenziali datori di lavoro.

«Mi ci vorrà qualcosa di forte che mi tiri su, dopo tutto questo...»

Bravo, razionalizza il tuo futuro comportamento, dedicati a tutto quello che più ti procura dolore, come se la dipendenza contenesse in sé la volontà di esaurirla. Ma per esaurire tutto questo dolore non basta una vita.

«Voglio essere ricoverato, cazzo, o...»

Mentre parla noto che il cuore, stranamente, mi batte come quando sono a riposo, non ho la bocca secca, non sto sudando. Vedo e sento tutto con chiarezza, mentre lui continua a gridare e imprecare a gran voce. Gli studi indicano che le imprecazioni maschili sono diminuite da mille parole per milione nel 2008 a cinquecento per milione nel 2018, mentre sono cresciute quelle femminili. Era come se tentasse di darmi un assaggio di che cosa significava essere lui, di trasferire in me un pezzo di sé, solo che io rifiutavo l'offerta.

Immagino di dargli un pugno in faccia a metà frase, per tappargli la bocca. Non voglio, è solo quello che mi viene in mente. Immagino che tiri un'enorme boccata d'aria per lo shock e scoppi a piangere. Poi do un'occhiata intorno per vedere se mi ha visto qualcuno. Poi do un'altra occhiata. Immagino. Penso che sto solo immaginando. Poi esco dalla stanza.

Sarà la sua parola contro la mia.

Brad76

«Malattie gravi?»
«No.»
«E in famiglia?»
«Viviamo fin oltre gli ottant'anni.»
«In entrambi i rami?»
«Sì. Sei divertente.»
«Difficoltà di apprendimento?»
«No.»
«Difficoltà motorie?»
«Basta.»
«Nessun...? E la musica?»
«Di tutti i generi» risponde lei.
«Puoi essere più precisa?» chiedo.
«È importante?»
«Potrebbe esserlo.»

Le sue mani si muovono in modo scoordinato rispetto alle parole che dice. In fotografia non era così.

«Sento che sto per dire qualcosa di sbagliato» dice la Donna 3.

«Non c'è né giusto né sbagliato» le dico.

C'è.

Se pazzia c'era, era la mia, ma apparteneva a noi tutti. Il cielo era troppo azzurro per essere convincente. Li guardai, allineati in silenzio, duecento o più, sulla riva del lago in quella mattina di fine settembre nel Galles settentrionale. Le bambine sarebbero arrivate dì lì a poco con mia madre. Avevamo fatto stampare «Team Benjamin» sulle magliette: era, e non era, un gioco. Faceva freddo, tanto freddo quanto era caldo a Londra, il che voleva dire che era necessaria un'attrezzatura seria: muta da cinque millimetri, passamontagna in neoprene, guanti, calzari, occhialini, crema antisfregamento. Nella caligine dell'alba che gravava sul lago sembravano un esercito acquatico di alieni un po' scalcagnati, pronti a sfidare Flash Gordon.

Il Bruto: «*L'Iron Man più forte del mondo... Una nuotata micidiale di quasi quattro chilometri in un laghetto gelido; una biciclettata bestiale di centottanta chilometri con quattro circuiti sull'infido Llanberis Pass...*»

Un che di penoso, infantile e patetico in quei grandi proclami. Avevano l'effetto contrario. Riducevano il mondo a una festa di paese. E così *anacronistici*: l'Iron Man come un fenomeno da baraccone, tale e quale la donna cannone o il bambino anguilla.

«*... E per finire una sciocchezzuola: una corsa in salita di trenta chilometri, seguita da una folle ascensione notturna di dodici chilometri sullo Snowdon, la cima più alta dell'Inghilterra e del Galles.*»

«Folle?» Alla lettera? Davvero? Era già una gran noia leggere la messaggistica istantanea in rete; gli autori, gran consumatori di cliché, si sforzano di suscitare un timore reverenziale, di ferro, per così dire, nei lettori, tanti bambini di sei anni aggrappati alla mano del papà.

Come avevo fatto a finire qui? Non doveva essere così. Come tutti, anch'io avevo cominciato a esercitarmi per impedire al mio corpo di raddoppiarsi o di diventare decrepito e, ancor più, per tenere a bada la salute mentale. Ma un po' di jogging qui, un corso di hatha yoga là non bastavano. Gli ultimi anni erano stati difficili: la mia tolleranza era aumentata, la mia sensibilità era andata in senso contrario, nel senso che il dosaggio necessario era cresciuto a dismisura, e così una mattina, quella mattina, mi ero ritrovato lì, immerso fino al ginocchio in un lago gelato, sul punto di «brutalizzarmi» in modi inimmaginabili. («Brutalizzarmi?» «Inimmaginabili?» Avevo contratto il virus dell'iperbole.)

Loro sembravano una schiera di quegli uomini di ferro scolpiti da Antony Gormley, rivolti verso l'acqua, con lo sguardo fisso in direzioni opposte.

Nessuno diceva una parola.

Chi sono, questi uomini e queste donne che trasformano lo svago e il gioco nell'ennesima forma di sofferenza? Volevo essere uno di loro, io? Volevo essere fatto di ferro? Freddo? Duro? Insensato? Era davvero una soluzione a lungo termine, quella?

Nessuno stabiliva un contatto oculare.

E io, perché mi facevo tutte quelle stupide domande retoriche? Persino antiretoriche: le risposte insulse, ovvie, irrilevanti. Era un nuovo sintomo. C'era qualcosa nella mia condizione che mi rendeva ipersensibile alla motivazione. La vita, nel corso normale delle cose, era costruita in modo tale da rendere impossibile l'autoriflessione: gli unici a essere scrutinati erano i pazienti. Ma lì non c'era nessun paziente dietro cui nascondermi. O forse eravamo tutti pazienti.

«Quanti anni hai?» chiedo.

«*Wow*. Diretto. Ok. Trentasette, quasi trentotto.»

«L'inglese è la tua prima lingua?»

«Sì, più o meno.»

«Mi sembri nervosa.»

«Sì, un po'. E tu?»

«Vuoi un bicchiere d'acqua?»

«Preferirei qualcosa di più forte.»

«Ora? Qui...?»

«Perché no?»
«Quante unità bevi alla settimana?»
«*Wow*. Capisco. Non saprei.»
«In media, per favore.»
«Cosa? Lo stai scrivendo?»
«No... Sì. È un diario.»
A volte prendo qualche appunto, per abitudine. Chiudo il taccuino.
«Perché ti alzi? Perché controlli il telefono? Dove vai?» La Donna 8 pare arrabbiata.
«Sono di servizio, questa sera.»
«Oh.»
«Scusa.»
Tenevo un diario perché volevo imparare qualcosa: era quello che chiedevo di fare ai miei pazienti. Roba da provare vergogna a leggerla.

L'anno precedente avevo partecipato alla maratona di Londra. C'era un'aria festosa quella mattina di aprile: migliaia di bambini sui marciapiedi vicino alla partenza a Greenwich, *street food*, bande jazz, festoni di bandierine davanti a ogni casa. Sembrava il primo giorno d'estate. Non correre mai sulla spinta dei sentimenti. Ma che cosa fare con tutta quell'euforia? Durante i primi chilometri diedi il cinque al maggior numero possibile di bambini, percorsi metà della distanza in meno di tre ore e la mia velocità andava aumentando. Mi sentivo forte, mentre correvo intorno alla Isle of Dogs, di solito il cimitero dei poco allenati. A Tower Bridge, fra i samaritani che offrivano snack energizzanti, vidi una donna in sari che distribuiva bhaji alla cipolla. Non sono mai stato capace di resistere al cibo indiano. Poi, durante l'ora successiva, sentivo crescere il senso di soffocamento, mentre il bhaji, ingrossato dalla mia saliva, non andava né su né giù. Nella momentanea ipoperfusione cerebrale dovuta alla mancanza di ossigeno mi sembrava che, come in un fumetto, la folla non applaudisse, ma sghignazzasse, la banda Dixie a London Bridge suonasse Stockhausen e i bambini fossero odiosi pupazzi di plastilina con magliette dalle scritte macabre, allucinatorie: «Cancro», «Leucemia», «Fibrosi cistica». La corsa si era trasformata nel finale infernale di un'allegoria medievale al rallentatore.

Una cosa l'ho imparata: l'esperienza non mi insegna mai niente. Speravo ancora in qualcosa di diverso, quella volta.

La letteratura sul fitness sottolinea quello che Iron Man *può* fare per te. Offre un pacchetto quasi mistico di promesse, ovviamente la salute e un miglioramento significativo delle facoltà fisiche ma anche cognitive. C'erano briciole di prove neurologiche, come succede per qualsiasi altra cosa di questi tempi. Ma ce ne corre dai minuscoli dati anatomici ad affermazioni quali: fare sport significa avere «migliori capacità di focalizzazione», «migliori abilità decisionali», «migliore capacità di gestire il tempo», «maggiore velocità di apprendimento», «maggiori guadagni» (c'è sempre un sottofondo decisamente finanziario in tutte queste promesse). Poi, ma più marginale, c'è la promessa della comunione con se stessi, che non può essere comunicata apertamente ai non iniziati, ai non «di ferro» (e a quelli di stagno o di cartone?), ma che comprende nozioni di autorealizzazione, ridefinizione degli obiettivi, riconversione, trascendenza generale... In sostanza, la letteratura contiene la promessa non tanto tacita che una volta passati attraverso quel crogiolo, nessuna meta è irraggiungibile. *Iron Man*. Suona bene, no...? Mi credereste se vi dicessi che non erano questi i miei obiettivi?

Quello che la letteratura non dice è che l'Iron Man ti trasforma in un cretino: magari potenziato cognitivamente, ma pur sempre un cretino. Durante i miei nove mesi di nuoto, bicicletta e corsa smisi di leggere. Smisi di pensare, smisi di sognare. Presi peso, approfittando del permesso a mangiare di più, persi i capelli più in fretta del normale per via dell'uso continuo della cuffia, cominciai a camminare come un Iron Man arrugginito, e, parecchi mesi dopo non riuscivo ancora a flettere due dita dei piedi, ruotare la spalla sinistra e girare il collo a destra. Sacrificai i pazienti. Finivo di corsa le valutazioni cliniche per infilare una nuotata nella pausa pranzo: «No, basta così, signora. Mi ha dato abbastanza dettagli, ho capito il *succo* dei suoi problemi. Che cosa...? No, sembra una cuffia da nuoto, sì, ma in realtà è una cuffia per gli elettrodi, dell'Università della California... Devo scappare». Ero diventato mostruosamente egocentrico. Niente notizie dal mondo. Niente cultura. La Gran Bretagna aveva rotto con l'Europa ed era tornata a essere una nazione di druidi mangiatori di bambini e io non me n'ero neanche accorto. Se era il fine settimana in cui toccava a me tenere le bambine, le istupidivo a furia di caramelle, serie ininterrotte di film non controllati prima (in particolare *La mummia. Il ritorno*, con gli scarafaggi divoratori del cervello che turbarono il loro sonno per mesi) e che io guardavo distrattamente mentre eseguivo il plank o pedalavo sulla cyclette. Oppure le portavo dalla nonna. Un cretino egoista, irresponsabile, disonesto. Alle feste ero «spompato», un'espressione tecnica della letteratura sportiva, come ho imparato in seguito, per dire che non avevo più energie. Quanto al suo significato non tecnico, non ne volevo sapere, a meno che la frequenza cardiaca non superasse il limite della zona 2, il che voleva dire andare a passo di lumaca tenendo d'occhio il monitor, indipendentemente da quanto fosse eccitante la cosa. Un cretino asessuato, un Iron Mannequin, un omuncolo di ferro. E, come Hitler nei suoi ultimi giorni, passavo le settimane a fare progetti su come raggiungere traguardi sempre più lontani, allungare le distanze, soddisfare i parametri. Un cretino nazista, egoista, vuoto, nevrotico, evirato.

Il cielo era di un azzurro psichiatrico. Avevo la sensazione di essermi svegliato dentro la vita di un altro e che, come nel sogno immaginato per Murray, niente funzionasse più e fossero accadute cose terribili in un altrove non troppo lontano. Come in quel sogno, anch'io stavo perdendo le dita: l'acqua era così gelata che non le sentivo più. Le mie figlie giocavano sulla riva del lago, incustodite. È così che sarebbe finito il mondo. Non era questo l'aspetto onirico della valle? Com'era possibile che un sogno inventato si trasformasse in una profezia?

Che cosa ci facevo lì? Suppongo fosse una sorta di «purgante» per la sofferenza accumulata in quattro decenni e mezzo, e che di recente sembrava essere aumentata. Poi, ma meno pressanti, venivano le vicissitudini del nostro tempo: l'irrequietezza di un'intera generazione, un senso di distrazione, ottundimento, spavento, la sensazione di essere sottostimolati o sovrastimolati, irrimediabilmente soli. Erano queste le vere prove di resistenza. Speravo forse che l'immersione in quelle acque gelide mi provocasse qualche sussulto, come un defibrillatore? Quella non era la mia gente, quelle figure nere, informi, isolate, che come foche si davano pacche umane per scaldarsi, con l'indice puntato verso il cielo. L'invio di un segnale a qualche dio? Oppure un modo per metterlo fra virgolette? Non è questa la spiegazione giusta, pensai: assurdi, torturati, condannati come Sisifo a un trantran quotidiano di tormenti a bassa intensità, a capo chino, furiosi, tetri, riscaldati solo dalla propria urina, come bestie.

O come bufali d'acqua. Le sette di mattina: suona la sirena che dà inizio alla nuotata.

La letteratura invita ad andare contro se stessi, ripetendo mantra strategicamente antimpulsivi («Mai accelerare, mai perdere il ritmo», «Mente-tartaruga, mente-tartaruga, mente-tartaruga...») per rendere la gara più simile alla vita: lunga, imprevedibile, con snodi impensabili. Dopo uno sprint di un centinaio di metri, in cui ero stato brevemente in testa, la mia nuotata era finita: crampi acuti a entrambi i piedi, zona lombare scomparsa, litri di lago nelle viscere, affondavo. Non avevo più freddo, perché ero incandescente di rabbia: la cosa che in quell'ultimo anno mi aveva mangiato il cervello non poteva andare peggio di così. Emisi un gemito profondo, come per chiamare una balena – in un lago di montagna del Galles – che, scambiandomi con la mia muta per un leone marino, mi inghiottisse in un solo boccone e mi trasportasse per tutto il lago, rigurgitandomi sul filo del traguardo. Primo.

«Immagina la scena: uno di quegli ascensori velocissimi e silenziosissimi del centro commerciale Westfield, pieno come un uovo, con dentro me e mezzo aeroporto di Dubai.»

«Così *razzista*» dico.

«Terribile, lo so. Mi perdoni? Le porte si chiudono e poi si riaprono. "C'è posto per uno piccolo?" dice il tizio. E non ti entra Samuel L. Jackson con le valigie?»

«Mi prendi in giro?» dico. «È uno scherzo?»

Gli scherzi possono essere importanti. Lui (Uomo 2) ha questo strano foulard al collo troppo stretto, stile Ronald D. Laing.

«È proprio Samuel L. Jackson con quello stupido cappellino all'indietro. Tutti lo riconoscono, si vede, ma nessuno apre bocca. Io sono proprio sul fondo e lui è proprio davanti. Samuel preme il pulsante. La porta si chiude.»

Ha una faccia stranamente animata: si muove più del necessario.

«Proprio in quell'attimo mollo una scoreggia gigantesca, così, all'improvviso, roba da King Kong. L'ascensore parte e quelli intorno a me hanno un moto di disgusto, le donne in burqa si coprono la bocca e tossicchiano.»

Ride, mentre racconta.

«Tutti trattengono il respiro. Poi l'odore arriva fino a Samuel. "Oh, oh! Caspita!" Come se fosse rimasto senza fiato... in mezzo a tutti quegli occhi lui cerca i miei...»

Questo è un aneddoto: mi sta raccontando un *aneddoto*. Percepisco il movimento ambiguo della sua performance; si è chinato verso di me, costringendomi ad andargli incontro, chiede approvazione, si aspetta una ricompensa e allo stesso tempo si ritrae dietro frasi consunte, è entrato in azione il pilota automatico, è come un pupazzo parlante, con il filo tirato già infinite volte.

Io vorrei alzarmi e uscire dal caffè, essere libero.

«"Gesù" dice Samuel. "Che cazzo avete mangiato tutti?"» Ne imita la voce con strana precisione. «Schiaccia ripetutamente il pulsante "Apri", ma la porta non si apre. "Oh, cavolo!"»

«Divertente» gli dico.

Io sono già sulla strada di casa.

Rabbia, dunque.

Sapevo che quando la vita diventava difficile, la mia reazione era aggredirla nel modo più brutale, sperando che la stanchezza mi spingesse a una falsa accettazione. Ma anche rabbia per tutto, rabbia universale: noi, uomini duri – «noi Iron Men», come diciamo su al Nord – dirottiamo verso l'attività fisica la rabbia della mezza età. Non un hobby: gli hobby potrebbero non esistere in questo clima. Un invasamento, piuttosto una «passione» in senso etimologico, con la sua connotazione di patimento intenzionale. Annegare in quell'acqua gelida non aveva niente a che vedere con la realizzazione di qualcosa, con il benessere fisico, con l'espansività o con la catarsi, non conteneva ovviamente nulla che fosse in favore della vita. Era invece un'espressione collettiva di odio, automutilazione e deturpazione a sviluppo lento.

Perché?

Perché noi – fortunati, ricchi, sani, responsabili, felici come nessuno prima – eravamo anche dissociati dalla storia del mondo, inconsapevoli e inerti. Se eravamo Sisifo, allora il nostro masso era l'io che trascinavamo con noi. E, benché non si possa escludere che dentro stessimo morendo, non eravamo ancora del tutto morti, perché odiare qualcosa era pur sempre una forma di vita (Bollas, 1995). Pensai a Michael, il cui *slancio vitale* affondava le radici in una sorta di disgusto per tutto quello che lo manteneva giovane. E anche questa nostra fatica sisifea in un angolo maledetto del Galles settentrionale era il modo in cui noi, i non morti, sperimentavamo il nostro essere vivi: Flash Gordon e gli zombi di ferro.

Sì, forse.

In qualche modo mi ero distratto durante la nuotata. Cercai di stare in piedi nell'acqua bassa, ma ero diventato emiplegico. Mentre cadevo a faccia in giù per la terza volta, come Robinson Crusoe, dalla riva le mie figlie gridavano: «Sbrigati!», «Smetti di fare scene!». Avanzai carponi fra gli spunzoni d'ardesia, raggiunsi la riva, posai per una foto, bevvi un po' di tè, mandai giù qualche caramella energizzante (in sostanza, gelatine di frutta) che Bronwen e Cordelia stavano mangiando e poi...

Mi sedetti, mi asciugai, bevvi dell'altro tè, mangiai un panino, un pacchetto di patatine, un Twix, un calzone ripieno di carne, ciccioli, un uovo alla scozzese farcito di salsiccia e sei pasticcini...

«Alzati, ciccione.»

Da un po' di tempo c'era una forma di aggressività in loro, come se quell'ultimo abbandono avesse oltrepassato il segno. Avevo sperato che si adattassero alle mie assenze, mi era parso che non se la prendessero più di tanto. Ma spesso, nei bambini, l'autoespressione è un gioco d'attesa.

«Mi scusi, signore, sa per caso il numero del telefono azzurro?» chiesero le bambine a un gruppo di spettatori, interpretando alla perfezione il ruolo delle piccole orfanelle, due Oliver Twist. Il team Benjamin non sarebbe stato mai più lo stesso.

Me ne andai dalla cittadina di Llanberis in bicicletta e trovai presto il silenzio: una mente non interrotta da altri, tranquillizzata da una mattina di primo autunno nella campagna gallese, immobilizzata come in un dagherrotipo da un velo di brina. Solo il rumore del mio respiro, la sensazione del cuore in zona 2 che batte dentro la gabbia toracica, e la calda tisana di oppioidi endogeni che solo l'esercizio fisico *può* produrre; l'attimo in cui l'homunculus, il drogato dee-jay mixa alla perfezione.

Era a questo che serviva tutta quella fatica: un vuoto, all'estremità opposta del significato, una risposta alle domande su chi siamo e che cosa ci facciamo qui con il «dolce niente».

Il vuoto non resta vuoto. Di nuovo la rabbia. Troppo a lungo la medicina ha trascurato la mente e venerato il cervello – l'apice del corpo – come se i due fossero stati separati alla nascita. In nessun altro luogo questo pregiudizio è più evidente che nelle Paralimpiadi. Che era la ragione per cui io e Lewis avevamo inserito l'argomento in un'altra delle nostre imprese immaginarie durante la pausa pranzo. Avevamo pensato di batterci per una legge che permettesse la partecipazione anche ai malati mentali, per un più completo «riconoscimento della diversità». Questi pazienti non avrebbero gareggiato solamente con i loro omologhi con disabilità fisiche, privilegiati e coccolati, ma avrebbero avuto eventi speciali, tutti per loro, distinti per diagnosi, per esempio duathlon per i bipolari e fioretto per gli psicopatici conclamati, ma anche gare mai viste prima: per i depressi maratona da sdraiati, per gli affetti da ADHD decathlon con tutte e dieci le gare in contemporanea, per gli ossessivi-compulsivi pulizia delle stalle di Augia. Ci sarebbe stata una pesatura terapeutica, per far sì che i dosaggi fossero più o meno uguali fra i diversi concorrenti, *factoring* applicato in base a gravità della diagnosi, taglia dei pazienti, comorbidità e altre variabili. L'iniziativa, auspicabilmente, sarebbe stata apprezzata e riccamente sponsorizzata da Big Pharma...

«Che lavoro fai?» chiedo.

«Potrei dirtelo, ma non capiresti» risponde lei.

È stato soltanto qualche mese fa, sei al massimo.

«Questo è sessista.»

«È razzista. Dalle mie parti non amiamo quelli dello Yorkshire.»

«Mettimi alla prova.»

«Lo sto facendo.»

Lei *è* diversa. Il suo volto non assomiglia a quello di nessun altro: aperto poi vuoto poi furtivo poi refrattario poi di nuovo aperto, tutto in un solo istante. Non mi resta che leggerlo di corsa, perdendo intere pagine per tenere il ritmo. I capelli sono di un bianco sconvolgente, quasi albino, il biancore di una fiamma al magnesio. La pelle è fragile, qua e là segnata dall'acne che si sta cicatrizzando dopo anni di sconquassi. Parla in controtempo con una traccia di accento del Nordovest, fra Manchester e i laghi, direi. «E?» chiedo. «Come vado?» Sento il peso del suo sguardo inquisitore.

«Fin qui, un bel quattro.»

Anche se ogni pensiero di odio e brutalità viene rimosso, c'è ancora tanta nostalgia... Un uncino nel ventre, girato fin dalla nascita chissà da chi o da che cosa. Piangere, pedalare, piangere, fuggire da qualcosa, andare a tentoni verso qualcos'altro...

Perché in fondo il Bruto, tutte queste disperate prove di resistenza, non erano forse *ricerche* inconsce di una Ginevra, di una Beatrice o delle rispettive controparti, ugualmente fantastiche, ugualmente inconsce, non ancora incontrate, probabilmente mai incontrabili? Un eroismo cavalleresco non richiesto, un sacrificio non sollecitato, una prova di significato, ragioni per farsi amare, *la cura*. Solo che, invece di sperimentare miracolosi ritardanti neurodegenerativi per impressionare lei o lui, o di addestrare elefanti bianchi a costruire meravigliosi e giganteschi obelischi di ossidiana in suo onore, io continuavo a girare a vuoto in traballanti cerchi concentrici, guidato da pensionati con gilet fluorescenti e megafoni, insieme agli smarriti e agli storpi.

E lei, la mia anima gemella, non era neppure lì.

«Quattro? Su cinque?»

«Su dieci» dice lei.

«E la tua famiglia?»

Non risponde.

«I tuoi genitori sono vivi?»

Silenzio. Adesso sono *io* a sentirmi nervoso.

«Che ne dici se te la faccio io qualche domanda, dottor Stranamore?» chiede stizzita la Donna 204. «Per esempio, qual è il *tuo* problema?»

«Ehm...»

«Qual è la *tua* diagnosi?»

«...»

«Credi sia affascinante mostrarti così *interessato*?»

«Non...»

Non mi lascia rispondere. «E quello sguardo intenso? E tutto quell'annuire? Scommetto che mi dirai che fra noi due c'è una connessione veramente forte, che la senti.»

«Ally, amico mio. Che piacere vederti, come sempre.» Era il greco di Cipro, appena in tempo. Ci siamo abbracciati come fratelli.

«E chi è questa bella signora?» chiede, mettendoci davanti cinque o sei golosissimi piattini di antipasti misti.

«Solo un'altra dei suoi pazienti fuori di testa» dice. «Lei deve essere la sua spalla, vero?»

«*Enchanté*» dice il greco.

«E che cos'è questa storia di "Ally"? Pensavo che tu fossi Brad, Brad76... Come hai potuto mentirmi? Pensavo fossimo anime gemelle.»

Mi piaceva lei, Sonia85 di Clitheroe, una cittadina nei pressi di Preston.

Soulmates, «anime gemelle», significa qualcosa di diverso ai giorni nostri, ora che è un sito web d'incontri. Mentre salgo verso il passo per la seconda volta, anche se le evoluzioni degli avvoltoi sopra la mia testa sono più rapide di me, non penso più alla corsa. Provo un senso di vergogna a ripensare a quel tempo – più lungo di quanto sia disposto ad ammettere – in cui la mia unica vera relazione era con quell'io grossolanamente inventato che proiettavo su di «lei» (e ogni tanto su di «lui»), un regno virtuale, benestante, liberal, nebulosamente immaginato, che riempivo con i cliché mal digeriti del candidato perfetto. E per il 99 per cento del tempo «lei» esisteva solamente come una sequenza di simboli e algoritmi concepiti in modo altrettanto squallido.

A cominciare dal nome. «Brad76», anonimo come nelle cartelle cliniche dei nostri pazienti, ma a scopo di vendita e non di protezione, un monosillabo scialbo, un Labrador di affidabilità, vagamente americano: niente di più lontano dal mio carattere e con sei anni meno di me. Poi lo slogan. Ricordai i primi tentativi: «Vedo che non hai ancora avuto la fortuna di catturarmi». Subito scartato, perché presuntuoso e di cattivo gusto, con quell'allusione allo Squartatore. Poi: «Fin dove sei disposta a spingerti?». Ma in questi siti la tolleranza per le dichiarazioni più o meno esplicite di inclinazioni sessuali è minima. Così, infine: «Fai dell'amore un divertimento!». Più americano, strade aperte, vendite milionarie. Esiste qualcosa di più pessimistico, più lontano dalla realtà...?

C'era un'attenuante: la perenne, vuota positività dei profili delle altre persone segnalava l'esistenza di regole di forma e tono da rispettare, generiche, ma certe – il sé è sempre formato in base alle richieste della cultura – a meno che uno non *volesse* essere preso per pazzo.

Poi un profilo succinto:

> Grazie, Iggy. Grazie, Elena Ferrante [*mai letta*]. Grazie, Arsène. Grazie, Thomas Magnum per i tuoi baffi [*?*] ... Sono grato a Sufjan Stevens per la cartina dell'America, a Dwayne Johnson per il sorriso, a Howard Hodgkin per la tavolozza, triste, luminosa, bipolare [*l'avevo letto da qualche parte*] ecc. Senza di voi, senza voi tutti, la vita sarebbe molto più povera.

Come potevo. Come osavo? Le parole scelte con cura, (registro alto e basso) sdolcinatamente rassicuranti, il tutto formulato, senza darlo a vedere, come un discorso di accettazione. Accettazione di che cosa? Una medaglia di latta per una vita ben spesa, senza cadute di gusto... Un codice, il cui contenuto tendeva all'insignificanza.

Cose che mi piacciono:

> Stella Artois [*sobrio da più di un decennio, ma non suona bene dirlo qui*], i Radiohead, insalata di melograno [*schifo*], nuoto in acque libere [*è sempre e solo nuoto*], l'alba a Machu Picchu [*mai vista, ma molti di Islington ci sono stati*].

Cose che non mi piacciono:

> Stella Artois la mattina dopo [*gli attacchi di panico, i tremori, qualche convulsione*], i gastropub [*non per niente ho citato Islington*], le parentesi [*«Guarda, mamma, senza mani!»*], la serietà ma anche l'ipocrisia; capire che fra le due c'è una distanza enorme [*balle!*].

Una «listificazione» della vita onnipresente in questo nostro tempo. Trasformiamo gli elenchi in storie, come se fosse possibile generare con i frammenti un essere più completo di quanto la realtà consenta. Nel frattempo, nella nostra solitudine, smantelliamo le nostre storie, cioè noi stessi, riducendoci di nuovo in frammenti riprovevoli.

Ho amici cari che significano molto per me, la famiglia è importante, mi piacciono i cofanetti di serie televisive, i cani bagnati che scuotono contenti l'acqua dal pelo, infilare la mano nel barattolo del burro di noccioline [*o altre formulazioni astratte del sesso*] ecc.

Le macerie dell'inclusività, la password per la ricchezza relativa, per la salute mentale, per i gradini più alti della normale distribuzione. Come se la cura culturalmente accettabile per il nostro individualismo patologico – spesso coltivato nei vari programmi terapeutici di autoarricchimento – fosse un pabulo insensato.

E benché il profilo sia una serie ininterrotta di convinzioni, gusti, preferenze, a colpirmi ora, mentre pedalo di nuovo verso il passo di Llanberis per quella che mi sembra la decimillesima volta, è quanto poco ho sempre saputo di queste preferenze, di tutte le preferenze. Non le ho mai sentite davvero mie, mi si sono appiccicate addosso come l'influenza o un certo modo di ballare, perché è così che fanno tutti intorno a me. Cieco al cambiamento quanto il peggiore medico, suggestionabile quanto il peggiore paziente.

Brad76, naturalmente, avrebbe potuto scrivere qualcosa di più vicino alla verità: «Senza casa, inaffidabile, ex bevitore problematico, quasi calvo, di mezza età, padre part-time di due figlie, sempre sull'orlo della catastrofe, infiammabile come il magnesio...». Ma dove lo avrebbe portato, in questa lotta brutale, darwiniana, per accaparrarsi un partner?

Che cosa cerchi in un partner: «leggerezza», «discorsi non banali», «labbra morbide». Tanto valeva scrivere «unicorni». Un altro elenco di astrazioni semi-insensate, semi-attributi tenuti insieme da qualche fantasia infantile che queste variabili possano «covariare» spontaneamente, come se fosse possibile scegliere una persona attraverso una sorta di metodo attuariale, anziché essere guidati e sviati dalla danza folle dei sentimenti, simile a un butō giapponese.

Adesso ero in caduta libera, filavo giù per una chicane in mezzo a due alti muri a novanta chilometri all'ora per l'ultima volta, una grave lesione traumatica al cervello in attesa dietro l'angolo. E peggio ancora: per metà del tempo ero incerto se Brad76 fosse cinico o sincero. E se non ne ero certo io, chi poteva esserlo?

Giù alla partenza il team Benjamin era nel caos. Le bambine – annoiate, impazzite per i troppi zuccheri – stavano intrattenendo una piccola folla di indigeni altrettanto annoiati, recitando qualcosa tipo *Papà ritorna* – le caramelle in veste di voraci germi neurali – con scene che comportavano svariati travestimenti immaginari, dal triathlon a una versione approssimativa degli antichi egizi.

Avevano mangiato quel che restava del mio rifornimento. Tanto meglio, così avrei rinunciato alla corsa. Seduto sull'erba fresca al calar del sole, il mio desiderio più grande era di non alzarmi più.

Il profilo di Brad76 era *brutale*, un percorso di guerra impercorribile, fatto di codici e ambiguità, che almeno in parte proteggono dagli altri anziché attrarli. Lui cercava la sua strada, il suo soggetto *e* il suo oggetto. E non si trattava solo di Brad. C'erano Fizz*, The Tomster, Gee72, Ems75 con rispettivi slogan «Portami al fiume», «Compagni di crimine», «Una festa di ventiquattro ore», «Morire al tuo fianco». Avevano tutti in mente una cosa sola, sempre. Chi volevamo prendere in giro? Autoingannarsi per ingannare meglio gli altri. Centinaia di migliaia di noi, resi folli nei decenni in mille modi diversi dal bisogno, dalla nostalgia, dalla solitudine, dal mal d'amore: il vero *DSM*. E il mio ultimo rifugio sembrava avere la forma di una dipendenza da autolacerazione maschile compulsiva, una tendenza di livello quasi epidemico, a giudicare dai milioni di parole ironiche dedicate alla crisi della mezz'età (cosa che, altrettanto ironicamente, era la vera crisi, benché non vista) in tutti i giornali, le riviste, i blog.

Quella visione di sé così statica e vituperata era l'esatto opposto dell'autoidealizzazione narcisistica, come se riconoscere le proprie carenze e accanirsi contro di esse fosse un mezzo per difendersi da qualcosa di ancora più crudo.

Non c'era nessuna anima nelle anime gemelle che non avesse una sua perenne notte buia. Rimasi sui siti decisamente un po' troppo a lungo prima di incontrare Sonia, non con assiduità, ma un mese qui, due settimane là, un trasgressore seriale, fino a quando non mi venne la nausea. Posso dire, senza esagerare, che il processo della creazione e continuazione di Brad76 mi aveva portato alla pazzia.

Eravamo sul marciapiede davanti al greco, sul punto di andare ognuno per la propria strada.

«Allora, esci o non esci con me?»

«Quanti anni hai, sette?»

«Più o meno, per certi versi» dico.

«Non partire all'attacco.»

«Perché dici questo?»

«Te lo leggo negli occhi.»

«Che ne dici di un secondo incontro? Secret Cinema? Casa delle farfalle a Syon Park?»

«Proposte da manuale... Sei un bel tipo.»

«Come fai a dirlo?»

«Preparo lo spray al peperoncino.»

«Senti, io sono serio.»

«No, non è vero. Sei grave, cronico e grave. *Io sono* seria». Non sta ammiccando. Sonia, penso, come la Sonia di Raskol'nikov.

«Questa storia può andare in due modi: dipende da te» mi dice.

Le prime stelle non erano ancora sbucate nel cielo sopra il Galles settentrionale, ma il buio faceva capolino. Sembrava un giorno diverso da quello della gara di nuoto, e quasi lo era. Non c'era più bisogno di rallentare, correre era diventato gattonare; un Gloucester cieco e annaspante guidato dal matto fino a Dover.

Eravamo tutti soli, davvero. I messaggi online parlano di cognizioni positive, dicono che ciò che si pensa mentre si fa sport ha effetti significativi sulla neurogenesi, ma a questo punto preferirei essere franco e disperato, e tenermi la mia atrofia mentale piuttosto che essere illuso e sano. Un folle rafforzamento delle difese egoistiche – attraverso successi, qualità e gusti – aveva reso autosufficienti tutti noi uomini di ferro, e questo significava che la condivisione, l'umiltà, la fragilità, l'intimità erano impossibili. Eravamo soli. O, almeno, io lo ero.

Le ricerche perdono di vista gli obiettivi, le motivazioni si allentano, anche l'autoflagellazione si attenua, mentre la passione muore: la morte emerge come l'unico vero fine; l'amore il suo miraggio, la sua Balena Bianca, un cavallo finto...

Era da più di dieci ore che non mi fermavo e mi sembrava di non essermi avvicinato di un passo al traguardo. Ricordo poco della corsa, solo che dopo ventinove chilometri era buio pesto. Avevo dovuto mettermi la torcia sulla fronte per salire su per la montagna. Per più di un'ora avevo avuto l'orribile sensazione di essere inseguito, dietro di me una fila traballante di luci che si avvicinava in silenzio, come un verdetto, come gli incontri lasciati alle spalle, come pazienti trattati miseramente, pronti a denunciarmi. Non mi importava più che mi prendessero.

In basso, l'ombra del cadavere dello Snowdon si stendeva sotto un chiaro di luna chirurgico, le rare nubi irradiate come brillanti aree di iperintensità su una MRI per tutto il resto limpida.

«E allora, che cosa ne dici?»

La morbida cantilena gallese di mio padre, quarant'anni prima. E io penso agli ultimi momenti di un'altra prova di resistenza, un'altra ultramaratona, meno di sei mesi prima: le trentasei ore accanto al suo letto di morte, spettatore di un attacco di panico grottescamente protratto, versi inarticolati, destinati al silenzio, il volto noto che sparisce, prima nel grigio e poi nel giallo, e la lunga attesa di quell'ultimo respiro, ogni respiro sempre uguale solo più corto, con la speranza sempre più tenue di poterci dire qualcuna delle tante cose che non avevamo mai cominciato a dirci. Non mi riconosceva più.

Il corpo cambia in un istante: un guscio vuoto sprofonda nel letto, una casa che ha improvvisamente smesso di funzionare.

Qual è l'opposto di ferro? Carne? Respiro?... Continua a respirare.

In cima allo Snowdon c'è un medico che effettua i controlli. Per un momento, mentre mi visita, fingo di essere vivo. C'è tutta una letteratura sulla dimenticanza intenzionale, il tentativo deliberato di limitare l'espressione futura di specifici contenuti mnemonici. Una forma di repressione associata alle stesse aree della menzogna. Ma ci sono bugie che non ubbidiscono, ordini che non si lasciano dimenticare. Sono un paziente e ho cercato di dimenticarlo.

Mio padre è morto e ho quasi dimenticato anche questo. Eppure era questa la ragione per cui mi trovavo lì: sulla sua montagna preferita, la grande prodezza in realtà un pellegrinaggio, un funerale. Rovescio le tasche e svuoto il resto delle sue ceneri sul versante spoglio, come se le avessi rubate e volessi liberarmene prima di essere perquisito. Sento il respiro costante dei miei inseguitori. Lui vuole dirmi qualcos'altro, un'ultima cosa prima che io sparisca per sempre... Senza rendermene conto, le mie gambe prendono a muoversi, sono diventate liquide, aria, leggere fino all'inverosimile, niente più dolore né crampi, né rocce, né shock, né suolo. Sollevate, per non toccare mai più la terra; seguirle ovunque vogliano andare, giù per la montagna buia al ritmo di *Hard to Explain* (traccia 8 dell'album *Is This It* degli Strokes), sempre più veloce, non un solo pensiero in testa, gli occhi potrebbero anche restare chiusi, solo un filo di fede impedisce al volo di trasformarsi in caduta.

In poco più di quindici ore supero la linea del traguardo con un ridicolo sprint e finisco fra le braccia di Sonia, che ha fatto più di trecento chilometri in auto per farmi una sorpresa. Sono stupito: ieri, quando ci siamo visti, mi aveva detto che non voleva vedermi mai più.

«Il mio eroe» dice, proprio sulla linea del traguardo.

«L'ho fatto per te» rispondo, guardando con la coda dell'occhio le bambine, abbandonate così a lungo e addormentate sotto un mucchio di mute invernali, come cuccioli di foca appena uccisi a bastonate. Prima o poi moriranno. Ci sono già andate vicino in diverse occasioni: cadendo in piscina a due anni, centinaia di incidenti sulla strada, cinque o sei folgorazioni con il tostapane, liti con i coltelli, il cocktail di detersivo per il water, la volta che il corpo della piccola Bron ha smesso di funzionare... Ma perché mi venivano quei pensieri proprio ora? Chi o che cosa me li mandava?

Basta. Era finita con il Bruto. Non era finita, neanche per sogno.

Dottor Samuels

«Dunque?»
«Dunque?»
«Da dove preferisce cominciare, Olly?»
«Dove vuole lei, dottor Benjamin.»
«Mi chiami Ally, la prego. Posso offrirle qualcosa da bere?»
«No.»
«Scelga lei.»
«È la sua seduta... No, io no» dice.
«...»
«...»
«Ha visto che l'ospedale è di nuovo finito in prima pagina sullo "Standard?"»
Annuisce. Non vuole farsi coinvolgere nelle mie chiacchiere.
«Deloitte ha rilevato l'ospedale psichiatrico.»
«...»
«...»
«...»
«Non mi sento molto bene.»
Il Centro per la salute sul lavoro mi aveva mandato dal dottor Oliver Samuels, un collega di psichiatria. Non avevo scelta. In realtà le scelte le avevo avute, ma mi ero comportato in modo poco professionale: le mie sedute erano diventate sempre più brevi, registravo la mia rela-

zione alla presenza dei pazienti, mi mettevo a cantare a squarciagola non appena uscivano dalla porta, prima ancora che l'inchiostro della diagnosi che ne avrebbe cambiato la sorte si fosse asciugato; avevo approfittato oltre ogni limite dell'orario flessibile, arrivando a completare a mezzogiorno il mio turno di sette ore e mezza; non rispettavo mai il codice di abbigliamento (mi era venuta la mania di vestirmi con la divisa da chirurgo, mi piacevano la comodità, la libertà e il potere che conferiva). Nascondevo da tempo le cose, trascuravo il dolore, ignoravo la zoppia camminando senza stampelle, trovavo scuse per non usare la sedia a rotelle, scherzavo sulle mie protesi alle gambe, come se non c'entrassero niente con me, normalizzando e rinormalizzando ogni fase del mio declino, fino a essere ancora convinto che avrei fatto mangiare la polvere a quei giovincelli della televisione. O, almeno, pensavo di avere nascosto le cose.

Ero l'unica persona in tutto il reparto di neuroscienze che non osservava la mia corsa a sfracellarmi contro un muro immaginario; traballante, mi aggiravo chiedendo agli spettatori il perché di tanta agitazione, dicendo che stavo benissimo, nudo dalla vita in giù, con la testa dimezzata (metaforicamente, è chiaro). Fuori, ero rotolato giù dalla scala della proprietà un gradino dopo l'altro: da due stanze da letto a una, a un monolocale, a un appartamento in condivisione e ora alla possibilità di un letto non condiviso in una stanza condivisa. Questa mia condizione di quasi senzatetto significava che con le mie figlie, quand'era il mio turno, passavo per lo più il tempo giocando a «I spy» in mezzo al traffico londinese a bordo di un veicolo per disabili che avevo comprato a prezzo di saldo da un paziente con una grave forma di Parkinson. Lo confesso, non erano proprio tutte *scelte*, strettamente parlando: la casa, per esempio, era in parte la conseguenza di avere lo stipendio di un dipendente pubblico e di soffrire di disturbo dell'attaccamento che escludeva la possibilità di condividere i costi di un'abitazione. Ma la scelta peggiore in assoluto, il mio *opus magnum*, era stata quella di legarmi a una donna che era morta per gran parte del tempo, finché non diventava viva in una maniera spaventosa, radioattiva.

«Cosa c'è che non va?» chiede lui.

Alzo le spalle. Ho il terrore di mettermi a nudo e so anche che, se comincio a dirgli qualcosa, non riuscirò più a fermarmi. Quello che in realtà mi sta chiedendo è se sono pronto a tirare fuori dall'armadio il vecchio ruolo, quello del «paziente». Il mio medico di famiglia mi aveva già dato qualche ausilio: Citalopram e Risperidone, per essere precisi, contro l'umore depresso e i pensieri disordinati, aveva detto, ma in realtà erano pillole per la memoria, per aiutarmi a ricordare di nuovo la parte. In questa prima scena io condividevo di nuovo la stanza con uno psichiatra – non professionalmente (ovvero *paziente*mente) – per la prima volta da quando non avevo ancora compiuto trent'anni. Il mio personaggio è all'improvviso assalito dalla consapevolezza che quell'altro psichiatra aveva ragione già allora, tutto sommato. E questo significava che i decenni successivi, che di tanto in tanto mi avevano dato l'impressione della normalità e della libertà, erano stati soltanto una sorta di volo estatico ad alta velocità, al termine del quale avrei ritrovato me stesso e le mie pillole in attesa: la classica sindrome di Benjamin...

«*Non sto molto bene.*» Basta questo. La stanza diventa immediatamente sua e io mi sento malato il doppio rispetto a prima. Vedo lui che vede me con i suoi svegli occhi neri: la mia faccia una chiazza alla Francis Bacon, poi una sedia vuota. Ho voglia di piangere. Ho voglia di posare la testa sulle sue ginocchia, di farmi accarezzare i capelli, di mandare tutto al diavolo... quasi. Resisto ancora, voglio una scena meno tesa, in cui noi due parliamo con tono professionale di una terza persona, un paziente, che casualmente ha il mio stesso nome.

Mi chiede della mia «vita visiva». È bravo, ha individuato senza sforzo una mia debolezza sintomatica, come una zanzara individua il sangue. Da bambino non sapevo disegnare gli oggetti più elementari, una sorta di dislessia visiva. Quando cercavo di «vedere» qualcosa, si intromettevano altri oggetti nel campo visivo e distoglievano la mia attenzione, tanto che avrei voluto cancellarli tutti con il bianchetto. Qualche giorno fa, quando ho portato (quarant'anni dopo) le mie figlie alla National Portrait Gallery, ho avuto un piccolo attacco di panico. Non era altro che un semplice ritratto figurativo del volto incipriato e altezzoso di un uomo senza nome del XVIII secolo. Sullo sfondo c'era un tavolo con un paio di pinze, un martello e una sega.

Era un chirurgo e un nobiluomo, forse il medico di corte, probabilmente un antenato di qualcuno dei miei colleghi. Nessuna meraviglia che questi dottori sapessero chi erano: non erano mai stati niente di diverso, da centinaia di anni. Guardavo il ritratto, in attesa che «lui» dicesse qualcosa, ma non riuscivo a concentrarmi sul dipinto. Le telecamere nell'angolo in alto, la tappezzeria della sala, i quadri e i visitatori intorno a me affollavano tutti il mio campo visivo. C'era chiasso per essere una pinacoteca, ma tutto quello che io sentivo era il rumore del sangue che mi pulsava nell'orecchio.

Il dottor Samuels mi faceva disegnare nel corso delle sedute e a casa. Quando toccava a me tenere le bambine, noi tre passavamo il pomeriggio nei caffè con pastelli, pennarelli, acquarelli.

«Cos'è *quello*, papà?»

«Uhm, un capodoglio.»

«Oddio! Fa schifo.»

«Scusate.»

«Piangi, papà?»

Per fortuna non erano maldestre come me, i loro disegni erano liberi, spontanei, vivi, mentre io mi sforzavo per ore, con non poca fatica, di trovare nuovi modi di fare andare a picco ogni creatura. Se non impariamo ad amare i nostri difetti, ci identificheremo sempre e soltanto con ciò che *sappiamo* fare. Era quello che dicevo ai miei pazienti... Ma quando mai!

Mi chiede di visualizzare la mia «ombra», la parte meno desiderabile della psiche, quella che rifiuta di essere digerita: un'orrenda massa opaca acquattata dentro il mio cranio, un tumore cerebrale grande quanto il cervello o un pompelmo, che riempie alla perfezione la cavità con la sua forma e mi rende difficile pensare, quando penso a lei. Perché i medici insistono sui frutti o sulle verdure come metro di misura del cancro? Pisello, chicco d'uva, broccoletto, albicocca, kiwi, arancio, litchi, guava, caco, melone, frutto dell'albero del pane: i nomi cambiano con gli anni, diventando sempre più esotici con la metastasi dei cibi macrobiotici. C'è qualcosa di così medicale nel crudele contrappunto di tumore maligno e di salute. E peggio ancora, c'è la cognizione che entrambi siano vivi e possano crescere.

È compito mio, mi dice, parlare all'ombra, averne cura.

«Tesoro, sono qui per te» dico io, seguendo fiaccamente il suo copione.

«Di nuovo, e con sentimento» mi incoraggia.

«... Vai a farti fottere, viscida bastarda.» Cominciava a trovare la sua voce. Aveva l'accento di Glasgow: è così che parlano i tumori.

Mi dice di continuare ad amarla, qualunque cosa lei dica.

«Deve credere nel cambiamento» mi incita...

Cambiamento: bella parola. Il cambiamento neurale è istantaneo, i livelli dei neurotrasmettitori fluttuano nell'arco di microsecondi, nel corso di un lungo pranzo possono andare e venire intere sinapsi. Ma a livello di reti – comportamentali,

mentali, sociali – il cambiamento discende da un'azione a lungo termine, lenta, incrementale, spesso tortuosa. Io voglio disperatamente credere che il cambiamento sia possibile, che il nostro destino non sia segnato come accade nelle storie, che in qualsiasi momento possa succedere qualunque cosa. Ma i percorsi dello sviluppo sono prevedibili, specialmente se ci sono stati traumi in tenera età, prima che il linguaggio e la visualizzazione abbiano avuto il tempo di radicarsi: in questo caso possiamo aspettarci la tendenza a ripetere ancora e ancora e ancora le vecchie risposte traumatiche. Cambiamento, ma in realtà non cambiamento. Le possibilità sono solo due. Il mio lavoro si basa sul presupposto che il cambiamento sia possibile, la mia vita, troppo spesso, sul presupposto che non lo sia.

Lui mi suggerisce di scrivere una lettera a me stesso, immaginando che sia già passato un anno e questa tempesta si sia placata.

«La lettera può essere un investimento a favore della speranza, di una saggezza pagata a caro prezzo, cui ricorrere nei momenti di fragilità, una promessa di cambiamenti già effettuati, di immaginazione, di fede. Scriva, Alasdair, dai lobi frontali al sistema limbico. Letteralmente.»

«Non "letteralmente". Le aree del cervello non scrivono, parlano, pensano o sentono. Sono le persone che lo fanno.» Non lo dico. I *letteralmente* erano dappertutto, usati con superficialità come rafforzativi, ma anche come medicina antiansia, contro il panico inflazionistico del linguaggio stesso. Ma se mandiamo giù le pillole adesso, cosa faremo quando il mondo si surriscalderà davvero? Letteralmente.

> ... Tu che ti perderai, che sarai vittima della tua «polizia interna», della vergogna, che crederai troppe volte nell'apparenza di ciò che senti, o peggio ancora, tu, incapace di accettare qualsiasi aiuto che la vita ti offre, sei lo stesso tu che proprio ora se ne sta appollaiato su sentimenti così buoni,

come potenza, pace, propositi, Pimm's, passere, Portogallo, pilates, papista, pudenda...

Non ci riesco... Una decina di righe e il mio io futuro suona così maniacalmente, meccanicamente felice, più patologicamente falso dell'io che cerca di soccorrere annegandolo nella speranza. Scrivi piuttosto una risposta al contrario, dal futuro paziente in frantumi al medico attuale che sembra così compiaciuto (io stesso, intendo dire), che lo ringrazia di niente, che gli chiede di essere lasciato in pace, che minaccia di denunciarlo.

Caro dottor Samuels,
sono il suo paziente. Desidero, più di ogni altra cosa, darle ciò che vuole. Mi faccia la diagnosi che preferisce: farò del mio meglio per comportarmi di conseguenza. Anche se lei esiterà, io leggerò in qualche modo il suo pensiero, le darò quello che penso lei voglia con i suoi sorrisi, incoraggiamenti, disapprovazioni, anche quando non sono intenzionali, anche quando non ci sono.

Il suo paziente fino alla fine dei tempi...

Quando le cose si frantumano, il riflesso è di andare alla ricerca del genere di sicurezza che servirà soltanto a prolungare la durata della sofferenza. Così io trovo nella mia fidanzata un sostituto già pronto per il ruolo di paziente. Lei sarebbe stata la mia concorrente diretta nella corsa a premi della follia: coppia favorita nella competizione paralimpica codipendente a tre gambe. Anche se non lo avevamo detto nel nostro profilo, era questa la ragione per cui ci eravamo «scelti» come anime gemelle: all'epoca io avevo razionalizzato la cosa, dicendo che era per la sua insolita scontrosità, la «nordità», le labbra sensuali, blablabla... In realtà la mia ombra aveva riconosciuto all'istante la sua, che scarabocchiava con il rossetto messaggi d'amore per me su uno specchio nero. Non ci vuole molto prima che i nostri profili superficiali colino a picco, prima che entrambi capiamo di avere fra le mani un paziente, ingestibile, inaffidabile, in caduta libera. Seguono liti violente, rappacificazioni eccitanti, liti ancora più violente.

Nella seduta successiva con Olly ricorro a una mossa disperata (alterno fra «Oliver» e «Olly», a seconda di quello che voglio da lui): «Lo so che non è la prassi normale, Oliver, ma Sonia si troverebbe bene con lei, ne sono certo. La situazione è grave, richiede qualcosa di creativo... Non è aperta [*come invece sono io*] e lei ha modi così gentili, amabili, immaginativi [*oh oh, quante lisciate*]... io posso trovare facilmente un altro clinico per me [*tanto miele per aprirmi una via di fuga dall'aiuto professionale di cui ho bisogno*]».

Dopo avere espresso con chiarezza le sue riserve, il dottor Samuels accetta di interrompere la terapia con me e cominciare a ricevere subito Sonia, a patto che io trovi qualcun altro.

Dopo due sedute Sonia rifiuta di dirmi di che cosa parlino lei e il *suo* psichiatra: «È una cosa fra noi». Poi mi dice che naturalmente hanno parlato anche di me.

«Doveva restare fra *noi*» dico. «E il mio diritto alla riservatezza?»

«È per questo che non posso parlarne con te.»

«Siamo fidanzati. Dovremmo condividere ogni cosa.»

Provo gelosia. Gelosia per entrambi. Magari Olly preferisce Sonia a me. Magari Sonia preferisce il dottor Samuels a me.

Ma è molto più della gelosia, razionalizzo. È importante dal punto di vista clinico che io e Oliver condividiamo le informazioni, dibattiamo *ex cathedra* sulla salute e la prognosi della sua nuova paziente, la mia futura moglie: per il bene di lei, per il mio bene, per il nostro bene.

Così, quando mi capita di incontrarlo nella Stroke Unit e poi in Elettrofisiologia e infine all'«isola dell'insalata» accanto a Bariatria, ritengo professionalmente indispensabile dire qualcosa sui sintomi di Sonia.

Quello che mi preoccupa – l'ho visto in numerosi pazienti con una particolare struttura caratteriale (il gergo distanziante dell'autorità mi viene così spontaneo) – è la propensione all'esagerazione immotivata, a volte a invenzioni agghiaccianti nella loro stravaganza, che probabilmente discendono da un'aggressività narcisistica potenzialmente pericolosa... Per esempio, ho capito subito che Sonia non approvava un paio di calze a righe sgargianti che mi aveva regalato Cordelia. Quando sono sparite, lei ha negato seccamente di averle viste, aveva un'aria indignata, disse che era un vero peccato, visto che mi stavano così bene. Tre giorni dopo ho trovato un brandello di etichetta in mezzo alle lame del frullatore.

«Lo sa che non posso discuterne con lei» mi dice il dottor Samuels.

Sì, lo so, ma quello che intendo dire è che potrebbe esserci il rischio che lei mescoli il reale con l'irreale, il dentro con il fuori, il pensiero con il discorso. Rischi che potrebbero essere pericolosamente minimizzati da Sonia e da lei, dottor Samuels, che non la conosce.

«La prego di smettere subito, Alasdair, non è questo il nostro accordo.»

«Io voglio soltanto passarle le consegne nel modo giusto, Oliver, perché non si sprechi tempo a potare alberi immaginari.»

«Basta così! ... Ha trovato un altro terapeuta?» mi chiede.

Ho finito di parlare. Non ho più niente da dire. Intanto passo mentalmente in rassegna i nuovi terapeuti... Ma se tu avessi bisogno di un solo sintomo, Olly, di uno piccolo, per illustrare bene la mia posizione, vorrei facessi caso al suo modo di ridere. Ascoltalo... Superficialmente sembra autentico, vero? Ma scoprirai presto che non è mai del tutto libero, che è sempre mescolato a qualcos'altro, un piccolo uncino che rinvia a un impulso primordiale, malevolo...

«Piantala!»
«Cosa...?»
«PIANTALA.»
«Cosa hai appena detto?»
«Ti ho detto di stare zitto!» dice lei. «Perciò chiudi il becco!»

Sonia comincia a ridere. Io no.

«La tua voce è pericolosa... Shhhh...» Sonia con un dito sulle labbra, che ha il singhiozzo dal ridere, il suono che si trasmette fino a duecento metri più in su, a metà del passo, dove io l'aspetto tre settimane dopo, durante la nostra infelice escursione. Io sono lo zimbello di qualche battuta che scambia con la guida, un cinquantenne del posto, che, chissà perché continuiamo a chiamare «Kid» (un capretto di montagna? Ma è vecchio, gonfio, più un criceto che un agnello), il cui comprendonio sembra limitato, anche se chiacchiera sciolto con quel suo misto irresistibile di giapponese e inglese, le due principali categorie di turisti qui. Lei è così da un'ora: frivola, un riso incontenibile, poi improvvisi silenzi. Sembra non curarsi di tutto il cammino che ci aspetta per arrivare al rifugio prima del buio. Io so come stanno le cose.

«Se non smetti di parlare provocherai una frana con quella tua boccaccia» grida.

«Non ho detto niente. È stato appena un sussurro.»

«Esattamente.» Io non sono mai riuscito a sussurrare.

E via che ricomincia, una battuta lei e una Kid, come in un responsorio in chiesa, i loro arpeggi sghignazzanti che salgono su per la costa sempre più ripida. Il rumore degli altri quando mangiano o ridono è sempre stata una sofferenza per me. Il che vuol dire che io non faccio né l'una né l'altra cosa.

Li precedo per metterli in guardia dai pericoli – così dico – per attenuarli quando è possibile con gli incoraggiamenti («Dopo viene un pezzo più facile») o con la distrazione («Attenti ai grandi felini»), sapendo che tutti e due i moniti potrebbero suonare come provocazioni. A volte lascio un piccolo, improvvisato cuore di sassolini o una montagnetta di anacardi e fichi – il suo spuntino preferito quassù – perché lei li scopra. Ma in realtà cammino davanti per il bisogno molto meno altruistico di non sentire le sue risate, di non dover badare a lei o a Kid, che sta chiaramente facendo fatica a salire (io non volevo una guida, ma ho pensato che servisse a rabbonirla o per lo meno a dividere il suo risentimento), di non dover badare a nessun altro, a essere sincero, per controbilanciare per un attimo l'escalation implacabile dell'ansia con l'inganno di essere solo: sono il cane che va avanti, il cane per il suo gatto.

C'erano stati tanti miracoli. È la prima volta in più di una settimana – la sua prima settimana in un paese in via di sviluppo – che la sento ridere, lei che era stata sopraffatta da quell'interminabile purgatorio, scosceso, gelido, senza toilette, fatto di boschi, di valli e di gole senza sentieri – certo non una vista godibile –, un lungo approccio alle maestose cime innevate che sono la nostra meta. La guida ufficiale definiva «impegnativo» ma «antropologicamente interessante» il percorso alternativo rispetto agli altri più facili, più popolari. Ma qui non c'è quasi nessuno. «Antropologicamente orfano» sarebbe più preciso: una serie di villaggi minuscoli, semiabbandonati su pendii incoltivabili, pascoli con qualche animale derelitto, monasteri semidiroccati, ancora ornati con le bandierine per la preghiera, come una festa per bambini finita male. O un matrimonio. E, come se non bastasse, c'erano diversi «problemi del Terzo mondo» o «problemi del Primo mondo nel Terzo mondo»: insetti, qualità dell'acqua, igiene del cibo, affidabilità della gente del posto, accanto a «problemi del Terzo mondo nel Terzo mondo»: possibilità di straripamenti, idrofobia, valanghe, terremoti. Più di una volta ho rimpianto che non fossimo andati sullo Snowdon, ma ero stato io a insistere per venire qui. «Sarà stupefacente» le dicevo. «Sarà o la va o la spacca per noi» aveva risposto. In realtà, prima ci avrebbe *stupefatto*, poi *spaccato*. Ma forse sarebbe più giusto dire che eravamo già spaccati.

Benché io sia in forma con tutto l'allenamento che ho fatto, la salita è molto dura con venticinque chili sulla schiena – la somma dei nostri due zaini – a quell'altezza (circa tremila metri); chissà com'è per lei. So pochissimo sulla fisiologia e gli aspetti pratici delle grandi altitudini. In teoria non dovremmo salire per più di cinquecento metri al giorno; ottocento è il limite massimo, ma trecento è preferibile. Le pause frequenti e l'idratazione regolare non escludono ovviamente i capogiri, la nausea, la mancanza di respiro e lo spettro di un catastrofico edema polmonare o cerebrale per gli imprudenti o gli sfortunati. Non so quanto ne sappia Sonia, ma immagino che sia una lacuna nella sua conoscenza per altri versi postdottorale sulla salute fisica (è un medico legale) e sulla negligenza in generale, ispirata forse dal bisogno di affidare a me alcuni aspetti secondari della gestione della sua vita per sentirsi connessa.

Oggi dobbiamo arrampicarci per più di mille metri, se vogliamo farcela. Mentre aumento l'andatura e cerco di trascinarla su per la salita con la forza della volontà, metto il piede su un masso reso scivoloso dal piovischio e cado pesantemente, ferendomi a una caviglia con una radice. Di nuovo quella risata: scoppia al mio capitombolo, riecheggia sulla parete rocciosa, più acuta e velenosa del solito, come se si fosse accumulata per giorni, in attesa del momento giusto. Sento sgorgare un liquido caldo dalla giuntura; è rotta, diagnostico. Avevo sempre pensato di avere una soglia alta del dolore, così resto deluso quando, tirata giù la calza, vedo solo un piccolo taglio sulla caviglia, del tutto sproporzionato rispetto a quello che sento. Tiro su di nuovo la calza quando lei arriva.

«Ti sei fatto male?» chiede, ancora ridacchiando. Kid mi aiuta ad alzarmi.

«Ok?» chiede lui, mentre ruoto la caviglia.
«Ok?» chiede lei. Non riesco a guardarla in faccia.
Ride un'altra volta: so che la pagherò cara. Chi è dipendente odia essere schiavizzato, perché se l'è voluta. Era proprio questa la cosa da cui avevo tentato di mettere in guardia il dottor Samuels, senza nel frattempo accorgermene io stesso, perché in realtà non smetto mai di fare il clinico, come se il pericolo fosse solo suo e non nostro, come se lei fosse la sola a confezionare gli esplosivi nel suo laboratorio dalle alte mura.

La mattina dopo partiamo all'alba. È una bella giornata. Io mi metto i calzoni corti, una maglietta e le infradito. Lei si mette un assurdo vestito rosso, estivo. Ho sempre criticato il «fascismo» classista dei fanatici del trekking (cosa c'è che non va nel verbo «camminare»?) e il loro equipaggiamento. Lei mi prende per mano. Sento quanto è leggera. Percorriamo una pineta in silenzio fino a un crinale che abbraccia un versante della valle. Finalmente un panorama: a livello degli occhi è la regione dello Snowdon o il Lake District ai primi di ottobre, ma più su diventa assurdamente diverso, una guerra fra dèi incappucciati di neve, come se serbassero ancora la forza delle terribili collisioni, della furia inimmaginabile che li aveva forgiati. E fu questa eco, insieme alle loro dimensioni inumane, a mettere a tacere, apparentemente, la possibilità di uno scontro fra noi due.
Poco dopo, quando mi fermo con la guida per pisciare, vedo Sonia che avanza saltellando, cantando e saltellando. Quando noi finiamo, lei è un puntino rosso nella valle, mezzo chilometro più avanti. Nei giorni precedenti, in vari momenti di esuberanza, avevo più volte sfidato Kid a una corsa, prima in modo scherzoso, poi con un pizzico di malizia, vista la sua mancanza di allenamento, i fianchi reumatici e il corpo tozzo. Ma ora, annusando il suo momento, lui mi dà una pacca sullo zaino e dice: «Gara con te, ragaz-

zo bianco». E schizza via con una leggerezza e una velocità inaspettate su per uno spuntone ripido di roccia: improvvisamente è un vero *kid*, un capretto, un giovane animale libero nel suo ambiente naturale. Resto non poco sorpreso quando le mie gambe intorpidite, che non molto tempo prima mi hanno portato al traguardo fra i primi dieci nella competizione mondiale per l'Iron Man più di ferro, non rispondono, come se fossero lontane mille miglia dal cervello che le comanda. E quando lo fanno, è come se si muovessero dentro un fluido, non nell'aria. Quando raggiungo Kid e Sonia – si sono dovuti fermare ad aspettarmi – ho un mal di testa spaventoso, la visione sfocata, i piedi che si muovono come fossi ubriaco, il cuore come mille api che sbattono contro i vetri. O meglio, io ho deciso che ho questi sintomi e loro mi hanno accontentato.

«Tutto a posto?» chiede lei, controllando una mappa. «Dovremmo fare una breve pausa e poi filare. Bisogna darci dentro se vogliamo farcela prima del buio.» A un tratto è lei il capo che controlla la truppa. «Sei d'accordo?» Io penso che, se non fosse per me, lei non sarebbe qui.

Poi dico che ho un lieve mal di testa.

«Prendila con calma, allora. Siamo a 4-2 ora?» chiede rivolta a Kid. Sonia, la guida di montagna. Si toglie i finti occhiali da sole per asciugarsi il viso. La plastica nera le ha lasciato una riga profonda intorno agli occhi.

«Panda cinese» dice Kid indicando la sua faccia e ridendo. Lei si specchia negli occhiali e quella sua risata ricomincia.

Mentre mi incammino, rimpiango di avere parlato del mal di testa. Senza dirglielo, avevo passato quasi ogni minuto di quegli ultimi dieci giorni ad angustiarmi per lei, a preoccuparmi del suo stato d'animo, a soppesare attimo per attimo il suo umore. Cosa non facile, visto che aveva un volto enigmatico quanto il muso di un gatto. Oppure era leggibile, ma incostante, come il tempo da queste parti: sembrava volesse peggiorare, ma poi spuntava un sole limpido o, altrettanto facilmente, scoppiava una terribile tempesta elettrica. «Che razza d'uomo...» era il preludio di molti dei suoi attacchi. Sulla sua bocca la domanda assumeva un significato tipologicamente curioso, genuino, non retorico. Un'ironia letale, perché per quanto fossi imprudente, poco galante, disorganizzato, avvertivo anche i segnali più sottili di pericolo, quando erano in ballo i suoi sentimenti, e la distraevo con domande per impedirle di accorgersi dello spaventoso precipizio sul fianco del passo di montagna, stretto, pieno di buche, senza guardrail, su cui fila veloce l'autobus; univo i nostri zaini, caricandomeli entrambi in spalla, nella consapevolezza che un piccolo sforzo in più sarebbe bastato a far precipitare il suo umore; la svegliavo tutte le mattine con la colazione – ma soltanto se lei sentiva di avere riposato abbastanza – a base di pane fritto senza lievito con miele e burro di noccioline ed English tea macerato per un giorno e mezzo; davo ansiosamente la caccia con la torcia per un'ora intera agli insetti nella speranza di liberare la stanza da letto prima di infilarmi sotto le coperte, perché mancarne anche solo uno sarebbe stato per lei un segnale catastrofico della mia noncuranza... E così, per due settimane, il panico sottile, ininterrotto, di avere cura di qualcuno.

E adesso avanti e avanti, traballando ma con ferrea determinazione, con il pensiero che ormai quasi tutti i colpi possibili sono stati parati, così come tutti gli imprevisti e le paure, quasi tutti senza che lei se ne accorgesse. Non una sola volta ho scordato la pazienza, la diligenza e la sollecitudine, e mai un cenno di apprezzamento da parte sua. (A pensarci bene, la trattavo come una bambina, la mia bambina, anzi meglio delle mie bambine, perché adesso ero qui, a ottomila chilometri di distanza da Bronwen e Cordelia: l'abdicazione alla mia vera responsabilità mi diede un sussulto.) Comunque, la prima volta che dico qualcosa su di me, un piccolo sintomo del mio essere un organismo indipendente dal suo, mi prende in giro, non mi considera, mi ride in faccia... L'autocommiserazione è tossica. Mi concentro con forza su mal di testa, battito cardiaco, capacità polmonare ridotta, gambe deboli. Da osservazione nasce osservazione: è questa la legge dell'attenzione.

Non sto bene: seduto in una sala da tè deserta, comunico che oggi non posso più proseguire. Il sortilegio che ho fatto a me stesso è totale, quasi. Mi costa ammetterlo, ma con la coda dell'occhio guardo ancora verso l'esterno, a come mi vedono loro. Lei mi mette davanti un piatto. «Devi mangiare.» Scuoto la testa: un neonato in fase preverbale.

Ma se c'è una cosa che mi placa, è il cibo: ravioli, torta di mele, tè dolce. Un sollievo grande, silenzioso, mi attraversa come un sole, una lingua calda sulla testa di un cucciolo, il pensiero di essere pensato. Presto sono disteso al suo fianco nel letto, tutti e due con addosso berretto e sciarpa, sotto cinque coperte pesanti, con lei che mi accarezza il viso, mi pare canticchiando qualcosa, di nuovo noi stessi: non sono mai stato così innamorato prima d'ora.

Mi ero appena addormentato. Non riesco ancora a ricordare quale momentanea freddezza, quale microsgarbo abbia riacceso lo scontro. Da parte sua: l'ombra di un ragno, il rombo lontano di una valanga o il solo fatto che mi fossi addormentato per primo, girandomi verso il muro. Da parte mia: il suo rifiuto di fare sesso, forse. Sia come sia, la tregua è rotta. In pochi istanti siamo di nuovo imbevuti di petrolio e ci prendiamo di mira con potenti lanciafiamme. «Che razza d'uomo...» e mi dà un manrovescio. Scioccato, furibondo, la butto giù dal letto. Lei afferra le sue cose, corre in corridoio e si chiude a chiave in un'altra stanza.

Cinque minuti dopo, la giusta furia è diventata panico. Per la prima volta da anni cerco di ricorrere alla meditazione, ma concentrarmi sul respiro serve solo a renderlo più corto e irregolare. Sto per morire. Attaccandomi al muro percorro il corridoio fino alla stanza in cui lei si è chiusa, a ogni passo sempre più nel ruolo, un piede dopo l'altro, un'attribuzione errata dopo l'altra, una diagnosi in movimento. Busso, sussurro il suo nome. Ci sono altri escursionisti ai suoi lati, coppie di italiani e tedeschi dall'aria felice, che avevamo osservato da lontano a pranzo.

«Se non apri questa cazzo di porta, mi uccido.» Non sono proprio capace di sussurrare. Lei non risponde.

Fuori la temperatura è venti gradi sotto zero. Il cielo notturno, vicino come non è mai stato, è ulcerato di stelle, un miliardo di tumori maligni, piccoli, lucenti. La montagna si è fatta più vicina nella notte, incurvando lo spazio intorno a sé. In tutte le relazioni umane c'è qualcosa di glaciale, inconoscibile e morto, penso. Calzoncini corti, t-shirt, infradito, trattenendo il respiro, chiudo gli occhi e cammino. Voglio davvero morire per ripicca? C'è un'alternativa...? E le mie figlie...?

Il dottore mi toglie la maschera dell'ossigeno, mi chiede di scendere dal letto e di provare di nuovo a camminare dritto. Non ci riesco. Lui pensa che ci stia provando. Ma qual è il risultato del provare? Sono sempre stato goffo, gli dico. Vedo benissimo che mi ritiene un tipo stoico, coraggioso. Mi mette una molletta sul dito per misurare ancora i livelli di saturazione dell'ossigeno e fa un altro segno sul suo grafico.

«Le do un'altra dose di steroidi, d'accordo?»

«Dice?»

«Lei è ancora nella fascia moderato-grave.»

«Sul serio?»

«Spesso sono proprio quelli in forma a mettersi nei guai. Di solito però si tratta di ragazzi. A lei non dovrebbe capitare...»

A un certo punto della fuga, nella mia testa dev'essersi fatto strada un pensiero assennato e devo avere preso la decisione di tornare indietro. Ho trovato l'ospedale abbastanza facilmente, poco lontano dalla sala da tè: un ex tempio e un paio di tende, organizzati qualche anno prima, l'idea caritatevole di un altro medico britannico stufo di vedere facchini mal curati, spesso operai non specializzati delle pianure non abituati all'altitudine e molte volte lasciati morire sul ciglio della strada da eroici avvocati, contabili, dottori e via discorrendo che tiravano dritto per completare l'elenco delle cose da vedere prima di tirare le cuoia.

«Mi sento molto meglio, dottore» dico.

«Un duro, eh? Ascolti, deve scendere ora, la luce è abbastanza buona. Ok? Non le consiglio di scendere da solo» mi dice. Io: novanta chili, torace robusto, abituato a correre. Dovrei vergognarmi. E mi vergognavo. E mi vergogno ancora. Mentre il medico pensa alle varie opzioni, noto per la prima volta un cartello con su scritto: «Tariffe». Fra steroidi, Diamox, ossigeno e ricovero notturno mi costerà milleseicento dollari. La vacanza economica improvvisamente si trasforma in un viaggio di nozze a cinque stelle. Le avevo chiesto di sposarmi dopo meno di un mese dal nostro primo incontro, non ne avevo l'intenzione, ma non ho saputo resistere.

La noto a malapena quando entra nell'ambulatorio. Era fuori della porta che ascoltava, mi ha sentito dire al medico con tono gentile, professionale, deferenziale ma deciso, che non mi sento «al sicuro». So che mi ha sentito, perché, mentre va verso il medico, dice che è lì per offrire «una stramaledetta versione collaterale», per dirgli, con un accento fortissimo di Preston, che non ho un cazzo di niente, che è tutto nella mia grossa stupida testa, che sono un sacco di merda, che i miei sono tutti fottuti-problemi-psicologici, che a lei non importa un cazzo di niente delle misurazioni, che sono sempre stato un bugiardo, uno che maltratta le donne, che ho una lunga storia di abusi alle spalle.

Ricordo di avere pensato, nel bel mezzo di tutto il bailamme, che lei aveva un vero talento per le imprecazioni, non come quelle altre con cui ero uscito, così poco convinte, fiacche, leziose: i suoi insulti erano urlati, astiosi, acidi, voluti. Poi mi sono chiesto perché il medico non le dicesse di andarsene, non chiedesse il mio consenso, non prendesse nota di niente.

«Le ha detto che è un dottore? Col cazzo che è un dottore. È uno psicoterapeuta, una parola di merda nel suo caso. La vede la mia faccia?» indicando il segno lasciato dagli occhiali «mi ha rotto il naso pochi giorni fa, sì, quel verme mi ha dato una testata.»

«Tutte balle, stronza, bugiarda» sta dicendo la mia ombra-tumore. «Non creda a una sola parola di quello che dice questa strega.» Ma nessuno ascolta. Come ho fatto, mi dico, a non prevedere questo terremoto, nonostante tutti i miei sforzi? Quella sgualdrina dell'intuizione mi ha abbandonato.

«Ieri notte mi ha violentata. Abbiamo litigato e lui mi ha buttata giù dal letto perché non volevo fare sesso per calmarlo. Così mi ha violentata.»

E infine, rivolta a me: «Diglielo... Digli la verità, bastardo che non sei altro».

La verità? Adesso è a me che viene da ridere – mentre lei sbraita ancora – ricordando che nel cuore di quella notte orrenda, insonne, appena passata – una notte alla quale non pensavo sarei sopravvissuto –, io, fra una cosa e l'altra, avevo leggiucchiato, per l'ennesima volta, uno dei volantini medici sul mal di montagna. Diceva che a volte si associa a un rapido peggioramento dell'apprendimento e della memoria e, talora, a una confabulazione profonda (blablabla neurologico) per effetto della pressione atmosferica sui lobi frontali: è lei quella con il vero mal di montagna. Oppure è il suo carattere, che ha preso ancora una volta una brutta piega.

Torniamo a valle, tutti e tre. Sonia avanti di parecchio, con lo zaino in spalla per la prima volta in due settimane; la guida fra noi due, che allunga il passo per tenerla d'occhio, poi si ferma per assicurarsi che io non sia crollato; e per ultimo io, per rispetto della diagnosi e per stare alla larga dalle sue accuse. In realtà mi sento meglio a mano a mano che scendiamo e l'aria si fa più spessa, proprio come aveva detto il medico. Mi chiedo se il dottor Samuels non abbia acconsentito a prendere Sonia come paziente perché era consapevole che io non sarei stato capace di interrompere una relazione visibilmente ostile, o se invece io non avessi fatto inconsciamente la stessa cosa trasferendo su di lui la responsabilità per una decisione che avevo troppa paura di prendere. E se invece fosse stata Sonia a proiettare un identico desiderio in me e nel dottor Samuels per farsi indirettamente coraggio? O eravamo forse tutti quanti personaggi mal disegnati nel sogno di Kid, da cui svegliarsi alla fine della giornata?

«A proposito, ho chiamato la polizia» grida verso di me la lontana figura rosso sangue. «Ci andremo quando saremo in città».

Chi se ne frega della polizia. Lei è il mio amore, il mio *binding problem*, la mia ombra, il mio tumore: non posso rimuoverla senza distruggere me... A pensarci bene, però, anche se non sarò processato, avrò comunque un precedente, il mio ordine professionale mi chiederà di notificarglielo, quasi sicuramente dovrò comparire in tribunale, potrei essere radiato dall'ordine o peggio ancora potrei trovarmi dentro una cella lurida, anonima per mesi, magari per anni, in attesa di un processo nel quale, non potendo sostenere le spese legali, dovrò difendermi da solo in una lingua che non capisco, in un paese in cui per lo stupro potrebbe anche esserci la pena di morte... Penso a quell'altra Sonia, quella di Raskol'nikov, la prostituta che si prende quotidianamente cura di lui nel suo inferno penale, che con il suo amore e le sua lunga sofferenza lo salva...

Questa Sonia avrebbe avuto la sua storia, completamente diversa dalla mia, e quella sarebbe stata l'unica storia che avrebbe sentito il dottor Samuels. Non sapevo davvero chi era, neppure nella mia immaginazione: tutta la stranezza, la paranoia, l'aggressività che le attribuivo avrebbero potuto benissimo essere mie. E chi era «Io» se non una disperata ipotesi su ciò che «lei-io-non-poteva-potevo sapere» avrebbe voluto da me? Entrambi ugualmente smarriti, che tentavamo di colpire bersagli mobili da altri bersagli mobili, né l'una né l'altro davvero presenti.

Siamo tornati fra gli alberi, fra la ricchezza di ossigeno, fra il Wi-Fi. Quando arriviamo al caffè in stile europeo, lei si è già ammansita, come tante altre volte nelle poche settimane da quando la conosco. Non c'è nessun confine che non si possa attraversare nei due sensi. Io leggo un articolo sull'ultima sconfitta della mia squadra, mando un messaggio alle bambine sull'emozionante incontro con l'abominevole donna delle nevi («*scherzo!*»), mentre Sonia carica le foto sul computer per la famiglia nel Lancashire: «Una raccolta di foto in meno! Mi ci vorrà un'altra vacanza per riprendermi da questa!».

Penso di chiederle che cosa è successo lassù, ma poi ci ripenso: meglio di no, magari se n'è già scordata. Accarezzo invece la nuca del suo amato collo, che si inarca al mio tocco. Emette un gridolino, una nota di gioia, un concentrato di riso: lei è un gatto e io sono un cane. Lei è un gatto, che però non tiene più il mio corpo tremante tra le fauci, né mi fissa con gli occhi gialli a mandorla, ma fa solo le fusa e la pasta con le zampette.

«Ho la sensazione che lei mi capisca veramente» dico.

Nessuna risposta. E neanche il dottor Samuels sembra averne una. Anzi, sembra spaventato.

«Vede, anche nei momenti più tranquilli, quella risata, quel risolino involontario, beh, sembra il preludio di nuovi guai. Era questo che tentavo di dirle prima di partire...»

Non avevo intenzione di raccontargli tutta la storia, quando lo avevo bloccato ancora una volta nel corridoio di Neurologia generale qualche giorno dopo il mio ritorno, avevo intenzione di raccontargli solo le risate di Sonia. Mi aveva ascoltato senza interrompermi, temeva forse che facessi una scenata?

Mentre gli raccontavo tutta la storia – cercando più volte di farla passare per informazioni cruciali sui sintomi della sua paziente – pensavo che comunque l'avrebbe sentita fra poco dalla bocca di lei, o forse era già successo, e questo mi spingeva a continuare a parlare e difendermi da tutte le accuse che mi figuravo. L'ho trattenuto così per un'ora e mezza, davanti a una sala d'attesa stracolma, risucchiandolo nel racconto di un crollo che era tanto mio quanto della mia fidanzata: sindrome di Benjamin da manuale.

Ma al di là delle ragioni e dei torti di questo rapimento professionale, il mio istinto sulla doppiezza di Sonia era giusto. Qualche settimana dopo mi chiamò e, casualmente, mi informò che aveva sempre avuto un altro (mi sembrò di sentirla soffocare una risatina). Mi aveva concesso di sostenerla mentre lei badava a lui: aveva solo un rene e uno stomaco incapace di digerire le cose solide. Sarebbe stata una sorpresa per il dottor Samuels, ammesso che non lo avesse sempre saputo. Ma per quanto dolorosa fino alla nausea, la notizia non mi aveva sorpreso: so benissimo che il paziente trova sempre un modo per fuggire, per togliersi dal polso il braccialetto identificativo e per infilarsi i pantaloni sopra il pigiama dell'ospedale. Io, voi, Sonia, tutti lo facciamo. Anche il fidanzato malato aveva sicuramente qualcuno: un topo cieco, una pianta sofferente. È così che è fatto il mondo, come una serie infinita di bambole dentro una matrioska: per quanto uno sia malato, per quanto uno sia folle, ci sarà sempre qualcun altro più malato, più folle, di cui prendersi cura.

Ancora tu

Di nuovo solo: un'anima persa, senza compagna.

Ma non del tutto solo, un passo alle mie spalle mentre cammino verso casa, il respiro di qualcuno ai piedi del letto, la nota sensazione che è accaduto e sta per accadere qualcosa di spaventoso.

Passo del tempo con Giona. Il mio lavoro con lui è una parabola di futilità clinica, ma mi distrae. Ci incontriamo nei caffè, beviamo caffè, fumiamo sigarette, mangiamo falafel, andiamo a vedere le partite del Leyton Orient. La nostra seconda squadra. La terza per me. Ci scambiamo i tablet. Lui si fa i fori alle orecchie. Parliamo delle nostre figlie, credo, lui in creolo, o in pidgin o in arabo (imparato da Al Jazeera?). Io in inglese.

La malattia ci separa; ci sono due modi per accorciare le distanze: o il paziente migliora o il medico peggiora.

Una settimana dopo, una mattina ancora estiva di fine settembre, Giona punta un coltello contro il suo vicino, uno studente dall'aria innocua, dice che gli affetterà la cistifellea e la darà in pasto alle sue formiche soldato, se non se ne andrà da quella casa. Giona me lo racconta più tardi, nel suo inglese smozzicato e a gesti. Io prendo nota. Lui ride. Io riprendo nota. Ride più forte e prende nota anche lui. Non sono preoccupato: è uno showman per natura, dice queste cose per far scena, lo facciamo tutti. In questo c'è un rischio, non so se piccolo o grande, ma io l'ho minimizzato. Le sue imprecazioni sono fàtiche: per lui è come parlare del tempo, ormai tropicale.

Viaggiamo sulla Circle Line. Mangiamo hamburger halal. Ci facciamo tagliare i capelli. Andiamo a vedere le corse dei cani a Walthamstow. Più che una distrazione, la normalità di tutto questo è un antidoto a tutta l'*expertise,* a tutta quella conoscenza elaborata, basata sulle prove. Un intervento bidirezionale. Giochiamo a blackjack nei bagni turchi di York Hall. Mi faccio forare di nuovo l'orecchio. Ci teniamo per mano, mentre camminiamo per la via principale. È autunno a Londra, ma la temperatura è la stessa di Port-au-Prince.

Lo ricoverano in psichiatria. Io vengo ammonito per non avere allertato prima i servizi: un pulsante antipanico che non emette nessun suono quando lo si preme. Lo vado a trovare nel reparto reclusi. Dice che le telecamere a circuito chiuso nella sua stanza d'ospedale lo fanno sentire a casa. Gli do sigarette e una Coca-Cola. Lui la utilizza per mandar giù una manciata di pillole.

«Mi hanno detto che le pillole mi guariscono il cervello.» Cosa non dice questa gente!

Lui è frastornato. Io pure. Non capisce che cosa gli è successo. Non sa dov'è né perché. Io neppure.

Lui, più di qualsiasi altro mio paziente prima e dopo – esotico, caotico, traumatizzato, estraniato – è l'alter ego che ho immaginato: voglio stendermi al suo fianco.

A casa la situazione era peggiorata. Vivevo da amici, nella stanza degli ospiti. Ma gli amici diminuivano sempre più. Riuscivo a dormire di fila soltanto per qualche ora. Per gran parte del tempo avevo il cuore in zona 4, sull'orlo di un attacco. Mi convinsi che ero caduto, avevo battuto la testa e avevo perso la memoria dell'incidente: questa era l'unica spiegazione plausibile per la visione sfocata, il tinnito, il gusto persistente di alluminio sotto la lingua.

Mi ci volevano dieci minuti per allacciare la camicia. La mia firma era cambiata senza chiedermi l'autorizzazione. Le cose più elementari erano diventate complicate.

Non potevano liberarsi di me, non con l'ospedale sotto la lente di ingrandimento: non puoi farti beccare a discriminare il malato, quando il tuo dipartimento è specializzato nel benessere mentale. Mi avevano tolto i pazienti, mi avevano dato tutta un'inutile serie di conteggi da controllare, mi avevano spedito a un corso di aggiornamento sulla gestione del rischio, mi avevano affidato il controllo dell'informazione, consistente nel mettere in ordine gli armadietti dei test. Allo stesso tempo, però, mentre mi era vietato ricevere i pazienti, i miei istinti clinici si stavano meravigliosamente affinando. Sentivo crescere l'erba, battere il cuore dello scoiattolo, sentivo il ruggito del leone. Percepivo la sensazione delle varie regioni neuroanatomiche a mano a mano che si attivavano. Sentivo, insomma, il mio cervello come potevo sentire un piede o la lingua. Camminavo sul London Bridge nell'ora di punta, le facce mi si affollavano intorno e in un istante le diagnosticavo una a una: *Psicosi... Depressione... Corpi di Lewy... Panico... Depressione... Sociopatia... Disturbo ossessivo-compulsivo... Cinofobia... Panico... Malattia di Guam...* Tutti avevano qualcosa e adesso c'è un nome per ogni cosa, anche quando si tratta della paura di avere qualcosa, di impazzire, nota come «dementofobia».

Devono essersi dimenticati di affidare il tuo appuntamento a un altro clinico. E tu sei di nuovo qui, nella mia stanza. Lo sapevo che mi avresti trovato. Il momento non avrebbe potuto essere migliore. Sono davvero passati nove mesi? Dio, come mi ricordi Helen. Hai un nuovo taglio di capelli, che ora se ne stanno tutti educatamente ordinati sulla testa come un bel caschetto ornato d'argento. Ho pensato a te molte volte dopo il nostro ultimo incontro, a te che lottavi contro le maree della vita. Ho pensato di telefonarti. Ho pensato di misurarti la temperatura con la lingua: non ho potuto farne a meno. I francesi hanno un nome per questo: *médecins sans frontières*, medici senza frontiere. Se soltanto non ci fossimo incontrati così, se soltanto non ti fossi alzata quando ho chiamato il tuo nome, se soltanto non avessi attraversato la soglia dell'ambulatorio, avremmo potuto trovarci in un altro modo. Ho controllato online: l'ordine professionale dice che devono passare due anni prima che si possano avere rapporti amorosi. Ma noi non abbiamo due anni. Tu, comunque, non li hai. Da lontano il tuo volto sembra abbastanza calmo, ma da vicino colgo minuscole contrazioni nei muscoli del palato, un timbro nasale nella voce, un sintomo di lesioni motorie inferiori nel midollo allungato, immagino. È l'inizio del tuo futuro.

Le cose erano peggiorate anche a casa tua. Tuo padre era morto, tuo marito si era trasferito nella stanza al piano terra, tua figlia entrava e usciva dall'ospedale. Tu non guidi più, dopo l'ultimo dei tanti incidenti evitati per un pelo. Sugli sportelli della cucina hai messo delle etichette per sapere cosa c'è dentro. Non riesci a fare un conto: i numeri continuano a scivolare giù per il foglio. Sei sempre più instabile sulle gambe. Ma sei ancora tu, sempre più viva di tutti noi messi insieme.

«Non dirmelo» dici. «Cacciavite... Belgio... turchese... pompelmo.»

Io non voglio sottoporti a nuovi test.

«Li ho ricordati bene?»

«C'è qualcosa che ti devo dire» la interrompo.

«Non c'è bisogno che tu me lo dica.»

Glielo dico.

«Cosa c'è che non va?»

Basta nascondersi dietro la scrittura.

«Non sembri più tu, dottore.»

Più di quanto tu possa sapere. Non sono stato del tutto onesto con te, con nessuno di voi. Alcuni pazienti erano me, sono me – Junction Box, Bede, Craig, Benjamin – a diverse età, in diversi stadi. L'altra metà eravate voi, i miei pazienti, con me come terapeuta. Mi è successo tutto esattamente come l'ho descritto: l'elettroshock, l'overdose, l'esibizionismo, la fase monacale, le fantasie dello squartatore, i folli diagrammi diagnostici e così via, solo che ho lasciato passare del tempo, ho cambiato i dettagli per rispetto della privacy e, a volte, ho raffigurato un po' meglio o un po' peggio me stesso e le mie circostanze. I cambiamenti di cui sono responsabile sono stati effettuati in buona fede, a parte quando le cose sono semplicemente cambiate senza che io l'abbia detto perché, lo si voglia o no, è così che fa il nostro cervello: l'inganno fa parte della mia condizione, fa parte della nostra condizione.

«Mi dispiace» dico.

«Queste cose succedono... Sono sicuro che avevi le tue ragioni.»

Le avevo: lasciando spaziare lentamente la mia immaginazione fra queste vite, fra questa vita (come una malattia, ma in realtà più simile alla salute), speravo che la verità potesse emergere con più pienezza. Mettere in scena così le cose e poi scrivere tutto è stato l'unico modo per annodare i diversi fili di me stesso e sottoporli a una sorta di esame professionale, anche se soltanto mio. Ho scritto nella speranza di creare un medico che possa prendersi cura di me. Scrivendo, mi sono accorto che le mie non sono storie eccezionali, ma soltanto esemplificative: se non sono successe proprio così a me, saranno successe a qualcun altro, ci giurerei.

«Posso portarti un bicchiere d'acqua?» dici.

Soltanto che scrivere le cose non ha avuto del tutto l'effetto stabilizzante che speravo. Troppo spesso non sono riuscito a riconoscere i pazienti come cosa mia o a farmi riconoscere da loro. È così che agisce la vergogna.

Tu stai sbirciando sotto il tavolo, dove si è rannicchiato il vero dottor Benjamin, esposto nella sua nudità come Tom-il-Pazzo.

Unaccomodated man. L'uomo inadulterato, nudo.*

«Hai sbagliato carriera. Dovresti essere sul palcoscenico.»

E mi afferri le mani e mi rimetti in piedi.

«Starai bene fra un attimo.»

«Davvero?»

«Ma certo. La nostra non è altro che una danza, improvvisata sul momento.»

Traballante tu stessa, mi avvicini a te e ci appoggiamo l'uno all'altra, tremanti, come un Fred e una Ginger ottantenni.

«Adesso vediamo cos'hai» dici.

«Azione.»

La cinepresa riprende il cartello davanti alla porta, con su scritto: «Silenzio: Valutazione in corso». In sottofondo si sente *Nude* dei Radiohead, un arrangiamento per banda di ottoni, cantata da Hank Williams (perché questa era una fantasia anche tua, non solo mia). Danziamo sotto le luci al neon, ruotando in punta di piedi nella stanzetta, intorno al mobilio squallido, accompagnandoci con un canto sussurrato. Io sollevo te e le tue gambe disobbedienti in tondo e in tondo, finché finalmente ci guardiamo di nuovo dritto negli occhi, dopo tutto questo tempo, e che cosa tu veda in me io proprio non lo so, ma i tuoi occhi sono ancora pieni di luce, qualunque sia l'orrendo meccanismo che si muove dietro di essi.

Guardiamo entrambi attraverso quella luce, senza mai battere le ciglia, come in quel gioco che facevamo da bambini: io ti porto fuori da questa stanza, prima scivolando e poi a passo di tip-tap per tutto il corridoio, oltre «Dolore», «Epilessia», «Sclerosi multipla», «Neuroncologia», oltre la

* W. Shakespeare, *Re Lear*, atto IV, scena IV, trad. it. cit., p. 715.

sala d'attesa rumorosa. La cinepresa ci segue ovunque e lasciamo questo edificio, dopo più di ventiquattro anni in pronto soccorso, e siamo fuori, in pieno giorno.

Chiamo un taxi e saliamo.

«Stazione di St Pancras.»

E da qui a Parigi, Marsiglia a mezzanotte...

Bisturi... acqua... mandarino... Istanbul.

Io

GIORNO 1

«Signorina Amrita Chakraborty?»

«Signorina Elisa Garcia de la Huerta?»

«Signor Ron Nehemiah?»

«Dottor Alas-ter Ben-yamen?»

Ci chiamano a uno a uno nella zona reception, con tono pacato, quasi sussurrato, rispettoso del silenzio.

«Dottor Ben-yamen?» Intende me.

Niente stretta di mano, niente contatto oculare, niente domande sul viaggio. Lo seguo in silenzio lungo un marciapiede affiancato da alberi moribondi. La giungla è concepita in modo tale che non si veda mai a più di un tiro di schioppo, per restringere la visione, per voltare le spalle al futuro. In un angolo della proprietà c'è un grande stupa, un santuario di un bianco quasi grigio, con televisione a circuito chiuso. Ci sono *kutti*, casette nuove sparpagliate qua e là, una sala più grande, un refettorio. Tutti gli edifici stanno sprofondando, muschio e licheni già fino alle finestre. Il suo è l'ultimo a sinistra.

Sediamo davanti al suo *kutti* su sgabelli di legno, uno di fronte all'altro all'ombra di un grande banano: il suo ambulatorio. Indossa una veste di un giallo spento, la testa è rasata. È più vecchio di me, di un'origine asiatica imprecisata, forse birmano, o forse di Tooting.

Passano gli istanti. Fra di noi nessuno scambio di energia, niente, a parte le zanzare che ronzano intorno, semiubriache nell'aria afosa, senza sole.

Un volo ieri mattina, un altro volo, un treno, un autobus notturno, una breve camminata per attraversare la frontiera, un taxi e quando l'autista si è perso, un risciò. Mi scarica all'alba davanti al cancello. Oltre il filo spinato, i profili di templi bianchi come giocattoli – dello Sri Lanka, del Bhutan, del Tibet, della Thailandia, del Giappone – come enormi torte nuziali per miliardari asiatici in una gara fra pasticcieri. Un acquitrino proclamato di recente patrimonio mondiale dell'umanità, commemorato con reliquie future, afflosciato prima ancora di essere completato, poi un terremoto, sicché ora questi brevi sogni architettonici sono elefanti bianchi semiderelitti, viranti al verde nella palude.

C'è una lavagna e sopra delle istruzioni: quattordici ore al giorno seduti o camminando. Vietati bugie, furti, sesso, telefoni, libri, conversazione, scrittura. Solo corridoi vuoti, televisione a circuito chiuso e persone che si muovono lentamente e non si guardano negli occhi. Identico a qualsiasi reparto psichiatrico.

Un orologio segna la temperatura e l'umidità: 41 °C / 99%.

Nella sala, gli altri meditanti sono accoccolati dentro zanzariere appese al soffitto, inspirano ed espirano come larve in gigantesche crisalidi, in attesa della liberazione. Il caldo accelera il processo, ma si aprono troppo in fretta e muoiono.

Quattordici ore? *Quattordici?* Ricreazione, amore, spiritualità. Trasformati a uno a uno in *lavoro*: è così che cerchiamo di sopravvivere...

Gli studi sul *default-mode network*, una delle mode del momento nel campo delle neuroscienze, indicano che per star bene il nostro cervello ha bisogno di *mindlessness*, di non pensare, di oziare, di gingillare, di nutrirsi di «patatine mentali».

Riesco a stare seduto immobile per un quarto d'ora prima di cambiare posizione, distratto dal pensiero involontario della bella signorina de la Huerta. Non appena faccio un movimento, non riesco più a smettere: mi contorco, mi gratto, annuso, tossisco, mi dimeno... Il movimento è sofferenza in azione.

Ora è buio. Il termometro dice 38 °C / 99%. Il ventilatore non funziona. La luce non funziona. Siedo al buio, sudando. Nessuno sa che sono qui.

GIORNO 2

Si avvicina l'alba. Non ho dormito. Un gong digitale ha suonato ogni mezz'ora per tutta la notte. Adesso c'è una salmodia, dal vivo o in filodiffusione.

Più tardi. Ho cercato di chiamare le bambine su WhatsApp con il cellulare che non avevo consegnato.

«Papà...?» «Papà...?»

La ricezione è terribile.

«Mi senti, tesoro?... Amore?»

Di nuovo insieme sotto il banano. La faccia del monaco è scavata, espressiva quanto una pietra. Lo osservo con tutta l'intensità possibile, ma ne ricavo poco: probabilità di Alzheimer 18 per cento, riserva eccezionale dovuta ad anni di pratica meditativa; demenza vascolare 12 per cento, ridotta dal vegetarianismo, grasso corporeo basso, niente stress.

«Immergiti nell'oggetto. Osserva la qualità del tuo respiro, mentre sale e scende, sale e scende...» Parla in perfetto accento Downton Abbey. «Posa il palmo della mano sull'addome.» Obbedisco.

Respiriamo insieme per un minuto.

Ci sono prove che sostengono come la mindfulness attivi la capacità di generatività neuroplastica del cervello, producendo sottili cambiamenti di flusso sanguigno, attività di onde alpha e tassi di connessioni e sconnessioni sinaptiche dopo un breve periodo di pratica regolare.

C'era un'infatuazione pazzesca per la mindfulness, un emolliente superficiale per il nostro cancro dell'attenzione all'ultimo stadio. Lasciamo perdere i pazienti: potrebbe salvare i professionisti della salute. Vi ricorrevano persino i chirurghi: meditare a occhi chiusi in sala operatoria li aiutava a trapanare con più precisione. E trionfava nella psicologia clinica, per la massa di fuchi che lavoravano come schiavi nelle miniere di sale della Siberia per raggiungere i risultati previsti dai protocolli della terapia cognitivo-comportamentale: aspettativa media di vita quarantacinque anni.

GIORNO 3

Di nuovo seduti uno di fronte all'altro. Questa mattina mi sono rasato anch'io la testa, come lui. Pensavo che il taglio dei capelli mi avrebbe fatto sentire diverso. Mi sentivo diverso. Poi cinque minuti dopo mi sentivo lo stesso di prima.

«Continua a tornare al respiro. Prendilo d'assalto... fallo correre, come un paziente da portare d'urgenza all'ospedale.»

Biascica un po' nel parlare. Diagnosi più probabile: afasia primaria progressiva o ischemia dell'arteria cerebrale mediana, due disturbi che compromettono la produzione del linguaggio.

Domani, a ottomila chilometri da qui, avrebbe dovuto esserci la nostra festa di fidanzamento. O forse oggi. Sarò solo per sempre...

«Non ti lasciare distrarre da questi pensieri. Soltanto il respiro che sale e scende.»

Da bambino parlavo mentre pensavo. Credevo di avere smesso.

«No» dice lui.

Per la loro natura intrinsecamente interiore, intima, le pratiche della meditazione mindfulness sono di per sé difficili da osservare o controllare metodologicamente.

Noi, cioè io e la direttrice del mio reparto, avevamo concordato di chiamarlo «anno sabbatico». C'erano buone ragioni per andare, basate sull'evidenza, nuovi studi settimanali sulla neurobiologia della meditazione e sulle sue applicazioni terapeutiche.

Avrei cercato di scrivere qualcosa: «Ospedalizzare l'Oriente» era il titolo provvisorio.

Non è previsto che io scriva. Non è possibile raccontare la propria storia ed essere contemporaneamente presenti.

GIORNO 4

La stanza non è la mia. Io continuo a guardarlo alla ricerca di sintomi, mentre lui mi attraversa con lo sguardo da parte a parte.

«Il volto è solo una maschera. Non c'è niente sotto» dice.

Io ho una lunga storia psichiatrica che non ho dichiarato al momento di iscrivermi.

Niente bugie.

«La consapevolezza è il vero volto della mente» dice.

Faccio fatica a respirare, qui.

«Che cosa sta succedendo?» chiedo.

«Niente.»

Silenzio. Poi: «Se il respiro è superficiale, osservalo. Se è profondo, osservalo».

GIORNO 5

Il termometro dice 41 °C / 99%. Dev'essere rotto. A meno che non cambi mai niente.

Io sono il peggiore qui, il peggiore perché pare che nessun altro si chieda o sappia com'è, che cosa significhi migliore o peggiore, e neppure se qui ci sia qualcun altro di cui essere peggiori.

Si ritiene che le differenti tradizioni meditative attivino reti neurali differenti. Le meditazioni di ispirazione indù dimostrano tipicamente un pattern di attivazione neurale laterale nell'emisfero sinistro, mentre si ritiene che quelle di ispirazione buddista, più simili alle pratiche basate sulla mindfulness, inneschino un'attività cerebrale concentrata primariamente nella parte anteriore (Tokley, 2018).

«Anno sabbatico»? Mi stava licenziando nell'unico modo possibile. Avevo firmato le carte senza leggerle.

Abbandono la ricerca.

GIORNO 7

«L'organismo ha un numero definito di respiri.» «La velocità accelera la morte: rallenta il tuo respiro, allunga la vita.»

Parla davvero così, con il tono di un esponente, secondario, della famiglia reale.

«Dove sei, papà?» chiede Bron.

Cerco di spiegarlo, ma le parole non mi vengono o mi vengono ma non arrivano fino a lei.

«Ma dove sei?» C'è urgenza nella sua voce.

Io non sono lì. La paternità è cruciale per i comportamenti di attaccamento nel tardo periodo preadolescenziale (l'età di Bron), specialmente per le ragazze: ha un ruolo fondamentale nella formazione della resilienza, del benessere e dell'autoefficacia e aiuta la futura genitorialità.

In quell'umidità gli indumenti si sono ammuffiti. Frugo in un cesto di cose scartate. Trovo un camice azzurro, forse buttato via da qualche medico intensivista ribelle, una mascherina antinquinamento, guanti per proteggersi dai germi: un giorno ci vestiremo tutti da chirurghi.

No Scrubs del trio TLC, 1999. Niente camici. Scelgo una camicia bianca e un sarong. Monaco di nuovo.

Ogni tanto vedo uomini del posto che potano il giardino -giungla. Scalzi, pantaloni lisi, uno con la maglia dell'Arsenal, parlano tranquilli a grossi smartphone 5G.

Consegno il mio telefono. Sto immobile. Niente cambia. Etichetto il mio addome, quando si alza e quando si abbassa, come mi è stato detto. Etichetto le distrazioni per quello che sono: «sensazioni, sensazioni», «pensieri, pensieri». (Mi accorgo di usare una dizione più ricercata del solito: la sua voce si incanala attraverso di me.) Un minuto dopo, anzi meno, dimentico il mio obiettivo. Niente resta identico.

GIORNO 8

Passo quasi tutto il giorno nel mio *kutti*, sudato, piangente, incontinente, incapace di alzarmi dal letto.

Il racconto di Kafka finisce con il medico che, in uno stato permanente e infernale di fuga, corre nel paesaggio invernale con la sua *troika*, in balia di cavalli diabolici, morso dal freddo, incapace di raggiungere la pelliccia appesa a un gancio a pochi centimetri di distanza. Ha abbandonato un paziente in agonia dopo avere emesso una diagnosi sbagliata, e ha lasciato frettolosamente la famiglia dopo essersi rassegnato a distendersi nel letto del paziente, occupando lo spazio di un moribondo. E lì, accanto a lui, il paziente, di volta in volta ostinato, imbarazzato, vago, suggestionabile, un amplificatore di sintomi, o peggio ancora, un malato immaginario, ostile, risentito, disperato, che sta morendo...

Io sono l'uno e l'altro.

GIORNO 9

Dopo due minuti che me ne sto seduto, un bruciore terribile sotto la scapola, come se avessi dentro un rubinetto di acqua bollente che sgocciola. La soglia del dolore di un bambino.

Più tardi. Di nuovo davanti a lui: «Quali sono i dettagli di questo dolore? Quando comincia? Dove? Come? Che cosa noti?». Proprio come faccio io in ambulatorio, stesse domande, stessa caccia al dettaglio-killer.

«Avvicinati, più che puoi. Ancora di più.»

Vicino? Ottomila chilometri di distanza: le mie figlie. L'unica cosa davvero importante – non fare a loro quello che era stato fatto a me – io l'ho fatto nel corso degli anni con una serie di abbandoni. La vita, un vacillare da una crisi all'altra, perché la crisi è l'unica pulsazione che conosco; ogni episodio all'apparenza un incidente, una parola a caso sconnessa da quella precedente, ma in realtà un costrutto che si dispiega, una condanna a morte, prevedibile fin dall'inizio.

«I tuoi pensieri sono solo rumore, un rumore che giudica» dice. «Sei come un cane, un cane che abbaia all'albero sbagliato, perché non c'è nessun albero.»

Una volta avevo un cane, una bella alsaziana anubiana, pazza, che avevo chiamato London. È stato il mio rapporto più duraturo. Passavamo insieme giornate intere a fare merenda a Hyde Park. A volte spariva in cerca di scoiattoli e io la chiamavo per ore, in mezzo a un parco affollato, le mani a megafono, gridando: «LONDON!... LONDON!... LONDON!» Nessun cane in vista. Tutti sapevano a chi mi riferivo.

Niente parole, niente parole: silenzio...

«Sono un ostacolo, soltanto il su e giù dell'addome.»

GIORNO 10

Il respiro si ferma. Aspetto che torni.

«Tratta ogni tuo respiro come fosse l'ultimo.»

«Non mi sento bene.»

«Prendi nota: "sensazioni, sensazioni". Poi passa al momento successivo» con quel suo tono secco, dottorale.

Un altro padre che non vuole ascoltarmi. Ma io mi sento male davvero.

Immagino di «inventarmi un sintomo», ma anche nella fantasia sono dentro la sua stanza, inchiodato nel suo campo gravitazionale: non posso farlo.

GIORNO 12

Su e giù, su e giù. E avanti così, avanti...

La noia non resta noiosa, si trasforma in qualcosa di minaccioso (sensazioni, sensazioni). In attesa dell'ultimo respiro di mio padre. In attesa del primo respiro di Cordelia. Del ritorno di Bronwen dopo la sua crisi... Si può morire durante un'inspirazione? Si può nascere durante una espirazione? (Pensieri, pensieri.)

GIORNO 13

Noto che ogni inspirazione è leggermente diversa, ogni espirazione è leggermente diversa, come aveva detto lui.

Il dolore alla schiena, se non mi muovo e continuo a osservarlo, comincia molto lentamente a dissolversi, proprio come aveva detto lui. E mentre continuo a osservarlo, continua a cambiare, spostandosi verso il suo contrario. Dolore. Non dolore. Penso che questa voce interiore – anche se «voce» è decisamente troppo coerente per quello che è in realtà – possiede un concetto con l'etichetta «dolore». Anche se è obsoleta, nel descrivere un'esperienza non dolorosa continuo a usare la parola *dolore* e penso nei suoi termini... I concetti strangolano la verità che cercano di dire.

«Io» non sono lì, mi dice. Soltanto il dolore: e neppure quello è lì. «Io», l'ur-concetto; in effetti solo il dolore si addolora, solo la rabbia si arrabbia; solo la pazzia impazzisce.

Mi concentro sull'addome, ma non riesco a trovarlo, non con la mente, non con il palmo della mano. Non sono allarmato. C'è una gioia, lieve. Immagino sottili re-innervazioni in atto nella mappa somatosensoriale (pensieri, pensieri). Penso alla dopamina e alla serotonina che inondano le fessure sinaptiche (pensieri, pensieri).

È tutto come aveva previsto lui questa mattina: «Possono verificarsi dislocazioni nella tua esperienza del Sé». Lui è gnomico. «Potresti persino trovarle piacevoli.» Gnomico, con una concisione micidiale.

Lui crea l'aspettativa e questo cambia il come e il cosa io osservo del mondo fisico. E nel contempo questo cambia anche il mondo fisico. Lui è il placebo, la sua efficacia perfetta, con me come il suo soggetto suggestionabile.

«Sempre pensieri, pensieri» mi dice. «Pensare ti impedisce di conoscere.»

GIORNO 15

Qui le persone arrivano e basta. Nessuno se ne va. Come in un manicomio. I futuri capitani d'industria saranno meditatori a prova di resistenza: capiranno la mente di tutti, avendo prima abbracciato con la propria mente tutta l'esperienza.

GIORNO 17

Inspirare a lungo, espirare a lungo. Come uno spondeo silenzioso.

Mi accorgo che comincio ad avere delle aspettative sul respiro, un ritmo rispetto al quale sono sempre leggermente avanti, di appena una frazione di secondo.

Giocherello. Immagino l'addome come un inceneritore con un'alta ciminiera che conduce alla mia bocca; il su e giù come l'edificio poco sicuro di un ospedale che viene demolito e poi momentaneamente ricostruito; immagino un respiro ruvido come sabbia e il respiro si irruvidisce, o come una pioggia battente, con scrosci violenti e strepiti; lo immagino come colore, ricordo, amore, qualsiasi cosa mi passi per la mente: linguaggio, similitudini, visualizzazione; sono questi i dittatori corticali della nostra esperienza sensoriale. Io sono il direttore, il respiro la mia orchestra.

È un allenamento cerebrale di livello molto elevato. Sento i neuroni che si integrano. Se riuscirò a continuare, avrò una riserva cerebrale infinita.

GIORNO 21

Dormo due, tre ore per notte. Percorro cinque metri, ci metto quarantacinque minuti. La quantità di dettagli di ciascun passo è entusiasmante, prodigiosa. Estasi, per un attimo, poi tristezza per come quasi tutto passi inosservato, così come gran parte della mia vita passata senza che io me ne accorgessi, dimenticata, autopilotata, non scelta, finta.

È possibile un crollo dentro un crollo?

E se tutto stesse crollando, sempre crollando? Un autoritratto in uno specchio convesso ridotto in frantumi.

GIORNO 26

Siamo faccia a faccia, lui e me, mente e cervello. Lui è quello che sta facendo con il resto della sua vita.

Molto tempo fa, nel pieno di un'altra crisi, i monaci mi avevano mandato dalla dottoressa Lotte. Era vicina ai settanta già allora, ma sarebbe stata giovane fino al giorno della morte. Austriaca di nascita, aveva perso la famiglia nell'Olocausto e aveva trovato rifugio prima a Shanghai, dove aveva ricevuto una buona educazione nel ghetto ebraico, e poi a Los Angeles e nel ghetto di Hollywood. Era il 1947. Trovò lavoro come receptionist alla MGM, dove conobbe Alan appena tornato dalla guerra: aveva arrestato Goebbels, gli aveva puntato contro la pistola, immaginando l'effetto che gli avrebbe fatto tirare il grilletto, e stava scrivendo un soggetto cinematografico con Thomas

Mann... *Thomas Mann*! Di sera lui suonava al piano musica jazz, era un radicale in politica e nelle partite di basket con gli amici era un playmaker davvero tosto... Quello era un tempo in cui l'espressione «anima gemella» significava ancora qualcosa. Lotte aveva le chiavi degli studi cinematografici e così al primo appuntamento si baciano sulla bella veranda bianca della grande casa sudista di *Alta società*; passeggiano al chiaro di luna lungo la Senna di *Un americano a Parigi* (il fiume finto, non più profondo di una piscinetta per bambini); giocano a nascondino nella serra delle orchidee del *Grande sonno*... O per lo meno, è così che lei ricorda. Quindi, stanchi del cinema («per i ritardati mentali» secondo Alan) partono per il Messico, dove costruiscono un ospedale per i contadini locali.

«Perché mi racconti queste cose?» chiedo.

«Lo vedrai» dice Lotte.

«Ma perché *tu* mi racconti questo?» chiede il monaco.

«Perché sono stato anch'io monaco, pensavo di poterlo fare per tutto il resto della vita, fino a quando ho smesso.»

A Cuba, Alan studia antropologia medica e Lotte inizia la specializzazione in psicologia clinica. Nel corso degli anni viaggiano in camper per l'America del Sud e del Nord, educano i figli, curano le popolazioni indigene in ambulatori mobili, migliorano e radicalizzano le comunità lungo i loro itinerari a seconda delle necessità e, nel tempo libero, scrivono quartetti per archi e commediole a due mani che i loro bambini mettono in scena...

Racconto tutto questo perché l'esteriorità della vita degli altri, le loro conquiste (dimenticando che per nove decimi tutto viene vissuto dentro) mi colpiscono a tal punto da lasciare che la mia vocazione si imperni su un desiderio che non era neppure mio: i vent'anni successivi decisi dall'intersecarsi momentaneo delle fantasie di due estranei. In quella prima seduta Lotte mi ha narrato la storia della sua vita. In quelle successive, poche, ha ascoltato, con l'aria più saggia del mondo, i miei blateramenti sovraeccitati. Poi ha detto: «Ecco cosa te ne farai del resto della tua vita...». Semplicemente così, come il mago di Oz. La risposta alla domanda di Murray mi era già stata data. Poi l'avevo dimenticata. Ho fatto esattamente quello che lei mi aveva detto...

«Che cosa ne ho fatto, della mia vita?»

«Tu tratti te stesso come se fossi solido, ma non esiste una simile solidità» è tutto quello che lui dice.

«Ma che cosa sta succedendo?»

«Tu sei.» I suoi occhi mi spiano da dietro un dipinto.

GIORNO 34

Oggi è il mio quarantottesimo compleanno, il settantaduesimo di mia madre: sono esattamente a due terzi della sua strada e mi avvicino sempre più.

Il fatidico calendario neurologico che avevamo ideato Lewis e io dovrebbe estendere il suo ambito oltre il momento diagnostico: indicare l'età in cui compaiono i primi patogeni o biomarcatori di malattie specifiche. A quarantotto anni, per esempio: cellule precursori che si annidano nella substantia nigra e fra vent'anni saranno diagnosticabili come Parkinson. «Il futuro è certo. Dateci il tempo di lavorarci» (cantava David Byrne). Oppure potremmo ideare biglietti di auguri di compleanno con il numero di quarantottenni nati nel tuo stesso giorno e ancora vivi, e poi il numero di quelli morti, accompagnati dalla percentuale di longevità al momento attuale.

Mindfulness, non per alleviare lo stress, migliorare l'attenzione focale, pensare razionalmente, ma per lasciarsi andare, ogni respiro vissuto come fosse l'ultimo: consapevolezza della morte e del morire.

GIORNO 35

Liberazione. Io voglio che lui abbia ragione perché ho paura di essere immune, irraggiungibile, immutabile. Lui vuole avere ragione perché ha passato quarant'anni della sua vita a fare questo, convinto che ognuno di noi sia educabile e possa vedere la luce che lui vede, quale che sia: un tempo troppo lungo per dedicarlo a un fraintendimento. Come fra un medico e il suo paziente, le nostre intenzioni ci spingono a tentare di convergere, collaboratori in un'unica storia.

Io dico cose sulla mia esperienza, lui mi dice se sono autentiche o no. In questo modo mi istruisce nella sua lingua su chi sono io: «sofferente», «impermanente», «auto-dipendente». Come sarebbe diverso se la stanza fosse la mia: la camminata meditativa, volutamente lenta, sarebbe lo strascicamento del Parkinson; il formicolio che il meditante sente nelle membra, una paralisi sopranucleare progressiva; la mappa corporea in disintegrazione dello yogi esperto, lesioni cerebrali traumatiche gravi? Corpi di Lewy? Il suo disorientamento, amnesia post-traumatica? Alzheimer all'ultimo stadio? Allucinazioni uditive, disturbi del pensiero, prodromi neuropsichiatrici? Soltanto qui, nella sua stanza, tutte queste sono fasi di illuminazione.

GIORNO 37

Continuo a scrivere, benché sia vietato, sempre la stessa prolissità urgente, senza una direzione, il bisogno di parole, parole, parole. La sintassi sempre più spoglia, lisa come i miei stinchi a furia di strofinare per quattro decenni e mezzo contro i pantaloni. Il vocabolario è rarefatto, la punteggiatura vola via... Un collega si è fatto un nome per avere individuato nell'assottigliarsi della lingua scritta un segnale preclinico dell'Alzheimer, ancora prima che il soggetto ne sia consapevole.

Ho sentito dire che lassù, in ospedale, tutti lavorano a un libro o a una sceneggiatura. Nessuno è più interamente lì. Anche se la troupe televisiva ha raccolto le sue cose e se n'è andata, il danno è ormai fatto. Ogni cosa è diventata un materiale potenziale, proiettato nello spazio fra virgolette, la nostra vita non più semplicemente nostra.

GIORNO 41

Inspiri, espiri, inspiri, espiri... Finché non respiri... *Perché un cane, un cavallo, un topo hanno vita / e tu neppure un soffio? ... / Guardatela! Guardate, le labbra! / Guardate lì, guardate!**

GIORNO 47

41° C / 100% di umidità: sto respirando sott'acqua adesso? Questo posto sprofonda ogni giorno di più nella palude, come se il mondo della finzione lo reclamasse. I nostri sguardi si incrociano da un lato all'altro della stanza. Il tuo viso, aperto, anonimo, pronto a registrare tutto ciò che si muove, infinitamente responsivo. Il mio respiro si fa più lieve, il cuore batte più forte. Noto che sento amore per te (amare, amare) e con esso il seme della prossima perdita.

«Questo è *aggrapparsi*, non amore» mi dici.

GIORNO ?

Uccelli che gracidano, non un'increspatura nel lago immobile della mia attenzione.

Abbiamo esaurito il cervello. Non ci vorrà molto prima che le persone smettano di preoccuparsi di quale sia il luogo dell'amore, il sentiero del successo finanziario, la regione associata a uno swing geniale nel golf. Resteranno alcuni neuroscienziati raggrinziti, indistinguibili dal resto dei senzatetto, che si scaldano intorno a un falò acceso con una bobina in disuso della MRI e si raccontano storie sulla trattografia a 10 tesla e il *binding problem* (pensare, pensare!).

* W. Shakespeare, *Re Lear*, atto V, scena III, trad. it. cit., p. 883.

Stiamo andando a picco, ora, proprio ora.

«Pazzia», *il* sintomo quintessenziale dell'ego: la nostra compulsione a confermare costantemente noi stessi, a dare vita a quell'idea tanto vaga, come aprire il sipario sul grande e potente Oz e trovare un vecchio traballante che confessa di non poterti dare né un cuore né un cervello, ma soltanto un orologio o un diploma di laurea; e aprire un altro sipario alle sue spalle e trovare un vecchio ancora più vecchio, un mago ancora meno magico che non può darti neppure un orologio o un diploma e nemmeno il suo nome, soltanto un foglio bianco su cui scrivere che cosa vuoi da lui; e avanti e avanti, sipario dopo sipario, vecchio dopo vecchio – forse assomigliano sempre più a tuo padre – finché resta soltanto un novantenne con l'Alzheimer all'ultimo stadio, che non batte più neppure le palpebre, finché dietro il sipario non c'è più niente.

Fa' che io non diventi niente.

«Pazzia.» Non c'è modo di fermare la nostra ricerca: sottilmente, in squilibri di neurotrasmettitori di origine ambientale; in anomalie prenatali, perinatali, postnatali; in mitocondri canaglia; ancora più in profondità, in sequenze di geni predisponenti, protoni disinibiti, in modi sempre più sottili, finché... quasi niente, finché niente. O, più grossolanamente, estrapolare da contesti di sviluppo avversi relazioni intime instabili, reti sociali sfilacciate, pregiudizi comunitari, difficoltà socioeconomiche e, in un crescendo sempre più grossolano, scontri razziali, guerra civile, trauma internazionale, deriva continentale, inserimenti alieni, tristezza universale, finché... tutto.

Non c'è davvero modo di arginare l'elaborazione di questa ricerca nell'una o nell'altra direzione; ogni spazio vuoto della nostra esperienza deve essere riempito e spiegato, fino a superare il punto della massima complessità. Siamo tutti smarriti, esattamente come lo siamo l'uno per l'altro, anche ciò che è più peculiare accade a tutti e di ciò che è più generale abbiamo fatto la nostra cifra individuale. E intanto ciò che non è noi sta prendendo il controllo, si nutre della nostra attenzione senza che ce ne accorgiamo, automatizza i sentimenti più intimi, aiuta il nostro cervello a trovare nuovi modi per impazzire, non leggibili neppure dagli strumenti più penetranti e sofisticati.

«Salute.» Non è altro che un ritrarsi da questa complessità, una matrioska grande quanto una balena, capace di ospitare soltanto ciò che le assomiglia: il vuoto, il nulla, come la luce bianca, vale a dire l'insieme di tutte le pazzie. E questa gigantesca «matrioska della salute» ci trascina con sé, decide per noi, sicché noi non abbiamo più nessuna influenza su dove andiamo, e se opponiamo resistenza veniamo espulsi violentemente come indesiderabili, costretti a camminare in solitudine, lasciati a gridare ininterrottamente il nostro nome in una lingua che nessun altro sembra parlare... Finché non ci esauriamo e torniamo nella sala d'attesa gremita a implorare la riammissione...

GIORNO 60-QUALCOSA

Senza peso, un astronauta dentro il mio corpo, la mia tuta spaziale riempita di luce (pensare, pensare).

«Non c'è nessun "corpo". Non c'è nessun "dentro". Non c'è nessun "mio".»

GIORNO ?

Mi hanno seguito fin qui; Michael, Giona, Tracy, Jane, i miei pazienti... Io scompaio completamente, ma loro mi trovano comunque.

GIORNO ?

Partenza prevista per la settimana scorsa, ma quando ci ho provato la mia valigia si è rifiutata di riempirsi.

Sto seduto senza sforzo per ore. Il giorno diventa notte. Dimentico di muovermi.

GIORNO?

Non c'è altro che comparire e sparire. Il respiro è come... nient'altro. Le parole non superano mai la gioia di respirare.

Attraverso la mia testa con la mano: niente cervello, niente mente, niente testa.

GIORNO ?

Dominano i finali. Niente che si formi che non stia già cadendo a pezzi. Cadere, cadere.

GIORNO ?

E.

GIORNO ?

«...»

«...»

«*Mi conoscete, signore?*» dice Cordelia.

«*Temo di non avere più il cervello a posto... credo che questa signora sia mia figlia Cordelia.*»*

Per un attimo lei e Bronwen sono sedute accanto a me, simili agli antichi egizi.

* W. Shakespeare, *Re Lear*, atto IV, scena VII, trad. it. cit., pp. 794-795.

Epilogo

Annotazioni del medico di famiglia: anonimo come previsto dal regolamento sanitario.

Assolutamente confidenziale. Da condividere soltanto per necessità legali con medici, avvocati, assicuratori, futuri datori di lavoro, previo accertamento di identità.

Anamnesi: AKB.

EPISODI INFANTILI

Prescritta visita da psicologo pediatrico: si sono presentati soltanto i genitori. Non risulta nessun altro intervento dei servizi di salute mentale per l'infanzia e l'adolescenza.

EPISODI DA ADULTO

1. Sei mesi di terapia cognitivo-comportamentale con psichiatra-paziente esterno in una unità diurna in seguito a «mele, mele», 1989. Diagnosi proposta: disturbo «mela».
2. Tre mesi di terapia psicodinamica, in seguito a «mele e mele» co-morbose, 1990.
3. Dieci settimane di counselling in seguito a copiosa ingestione di «mela», con un attacco di convulsioni e possibile psicosi «mela», 1991.

4. Tre settimane di counselling in seguito a ideazione di «mele e mele», 1996.
5. Diciotto mesi di psicoterapia umanistica integrata per «mela» acuta più «mela» cronica con problemi co-morbosi, 2000-2002.
6. Quattro sedute cosiddette di «discernimento vocazionale/spirituale» con la psicologa clinica Lotte M. in California, 2004.
7. Sei mesi di psicoterapia psicodinamica settimanale per convivere con questioni di «mela». Diagnosi: possibile personalità «mela», 2005.
8. Sei sedute di terapia mindfulness per la gestione della «mela» in concomitanza con nuova relazione e gravidanza, 2006.
9. Due anni di psicoanalisi di orientamento kleiniano, quattro-cinque volte la settimana, in previsione di diventare padre. Rottura quasi immediata della nuova famiglia. Diagnosi provvisoria: «mela» acuta con «mela» cronica esistente sull'asse II, a livello della personalità, 2006-2008.
10. Nove mesi di terapia di coppia con la madre dei figli sotto la guida di una psicologa clinica, 2007-2008.
11. Psicoterapia junghiana su base intermittente, 2012-2014, compreso cambio di analista in seguito a diagnosi di «mele» dello stesso.
12. Due sedute con psichiatra junghiano. Paziente chiede che il suo posto venga preso dalla fidanzata. Ammette due decenni di frequenza intermittente di quattro diversi programmi AA.
13. Farmacologia. Prescritti due volte farmaci «mela, mela», entrambi su richiesta del paziente. In un'occasione aggiunte pillole anti-«mela» per placare la rabbia. Cure sospese nelle prime due settima-

ne dal paziente, prima che fossero visibili gli effetti fisiologici dei farmaci.

A bere in qualche pub londinese, guardando O.J. Simpson *in diretta* sulla CNN a bordo della sua Ford Bronco bianca, inseguito dalla polizia lungo Sunset Boulevard, dove i clienti al bar – dall'aria sbronza quanto la mia – tenevano gli occhi incollati sulla ripresa live, poi correvano freneticamente sul marciapiede, ripresi in diretta sulla CNN, per vedere passare O.J., in diretta sulla CNN (per poco non ho messo anch'io la testa fuori del pub, giusto per controllare) e poi di nuovo davanti allo schermo, come se non sapessero decidere quale delle due visioni fosse la più interessante. Ebbene, quel momento è stata la conferma della baraonda generale: cose in svolgimento intrecciate per sempre con il loro commento. Da quel momento in poi la nostra vita si sarebbe basata sugli eventi in corso e noi saremmo stati costretti a eseguire le nostre acrobazie.

È uno dei soliti lugubri pomeriggi novembrini qui a Londra, è sempre così; anime gemelle che si aspettano in caffè famosi, bambini in attesa di essere prelevati davanti alle scuole, un uomo bianco in viso che scala il suo Everest a Primrose Hill. Si ferma a metà, il cuore disperso in zona 5, più vicino alla morte di quanto sospetti. La pioggia comincia a sputacchiare: ci saranno una decina di feriti alla testa in più prima che il giorno finisca.

Le confessioni, se valgono qualcosa, sono dolorose, parziali, protratte... Io, per molti versi, sto ancora schiarendomi la gola, fra una storia e l'altra, la fine di un capitolo di pazzia, l'inizio di un altro. Il cambiamento è lento e tortuoso, settecento pagine, e si chiama *Delitto e castigo*, non «Delitto e redenzione». A meno che all'improvviso non si accenda una parola, apparentemente sbucata da nulla, e il nostro eroe veda qualcosa di simile alla luce – che potrebbe solo essere una pausa dal buio –, nell'ultima pagina. E questo comunque non risolve il problema di volere il cambiamento, dal momento che questo significa anche non volere più essere se stessi; ammesso che ci sia qualcosa in cui trasformarsi, ammesso che ci sia davvero qualcosa da fare.

Quanto a te, caro paziente, non dimenticare mai che noi a te ci teniamo. Ricordalo – finché la facoltà della memoria rimarrà intatta – la prossima volta che guarderai il tuo dottore seduto alla scrivania di fronte a te, nel suo completo elegante con tanto di cravatta eccentrica oppure con addosso il camice, che ti restituisce lo sguardo e accoglie la tua domanda con sguardo gentile, lieve, ammirato e ora feroce, cupo, criminale, e tu ti domandi a cosa stia pensando, se pensa.

Bibliografia scelta

Bollas, Christopher, *Essere un carattere. Psicoanalisi ed esperienza del sé*, trad. it. di D. Molino, Roma, Borla, 1995.

–, *Cracking Up. Il lavoro dell'inconscio*, trad. it. di C. Spinoglio, Milano, Raffaello Cortina, 1996.

Crittenden, Patricia M., *Raising Parents. Attachment, Parenting and Child Safety*, New York, Routledge, 2008.

Eigen, Michael, *Faith*, New York, Routledge, 2004.

–, *The Sensitive Self*, Middletown (Conn.), Wesleyan University Press, 2004.

Tokley, Melanie, *How the Neurobiology of Mindfulness and Other Awareness-Based Meditative Practices from the Eastern Wisdom Traditions Might Be Clinically Relevant. Findings from Brain Imaging (MRI, fMRI, PET) and Electroencephalography*, 2018.

MISTO
Carta da fonti gestite
in maniera responsabile
FSC® C115118

Mondadori Libri S.p.A.

Questo volume è stato stampato
presso ELCOGRAF S.p.A.
Stabilimento - Cles (TN)

Stampato in Italia - Printed in Italy